KB061293

잘되는 독서모임,
이렇게 합니다

잘되는 독서모임, 이렇게 합니다

초 판 1쇄 2023년 11월 13일
초 판 2쇄 2024년 10월 07일

지은이 김지영
펴낸이 류종렬

펴낸곳 미다스북스
본부장 임종익
편집장 이다경, 김가영
디자인 윤가희, 임인영
책임진행 이예나, 김요섭, 안채원, 김은진, 장민주

등록 2001년 3월 21일 제2001-000040호
주소 서울시 마포구 양화로 133 서교타워 711호
전화 02) 322-7802~3
팩스 02) 6007-1845
블로그 http://blog.naver.com/midasbooks
전자주소 midasbooks@hanmail.net
페이스북 https://www.facebook.com/midasbooks425
인스타그램 https://www.instagram/midasbooks

ISBN 979-11-6910-377-0 03190

값 18,500원

10년 차 독서모임 리더의 이토록 다정한 안내서

잘되는 독서모임, 이렇게 합니다

김지영 지음

미다스북스

여는 글

처음 독서모임을 꾸렸을 때, 저는 육아의 늪에서 허우적대고 있었습니다. 잠시라도 육아에서 벗어날 수 있는 시간이 필요했고 지친 일상에 활력을 되찾고 싶었습니다. 그전까지 제 삶에서 책은 떼려야 뗄 수 없는 존재였습니다. 저의 추억 속에는 언제나 책이 함께였습니다. 책을 읽는 것으로는 부족해 책을 만드는 일을 직업으로 삼기도 했으니, 저의 책 사랑은 그야말로 지극했습니다. 하지만 아이를 낳은 후로는 좋아하던 책을 읽을 만한 여유가 없었습니다.

예전의 나로 돌아가기 위해 독서모임을 해야겠다고 결심하고, 지역 맘카페에 회원 모집 글을 올렸습니다. 모임 시간만큼은 엄마라는 역할에서 살짝 비켜서고 싶은 마음에 '육아서는 제외'라는 단서를 달았습니다. 다행히 뜻이 맞는 사람들이 모여서 모임을 시작할 수 있었습니다.

바람대로 독서모임은 많은 변화를 불러왔습니다. 책을 중심에 두고 생각과 마음을 나누며 치열하게 토론하는 일은 즐거웠습니다. 나와 다른 의견을 접하면서 세상을 바라보는 눈이 달라지고 시야가 확장되는 경험은 짜릿했습니다. 생산적인 수다로 두 시간 남짓 충전을 하고 집에 돌아오면 무한한 에너지가 샘솟았습니다.

그때부터 저는 독서모임 전도사가 됐습니다. 지인과 친구들을 붙잡고 독서모임을 하자고 졸랐습니다. 멀리서 살고 있는 친구들에게는 독서모임을 꾸려보라고 독려했습니다. 저 자신도 첫 모임을 시작하고 얼마 지나지 않아 다섯 개의 독서모임에 운영자와 참여자로 함께하게 됐습니다.

독서모임은 나를 바라보는 시간이었습니다. 책 친구들과 묻고 답하며 나의 내면을 들여다볼 수 있었습니다. 부족함을 인정하고 겸손함을 배우게 되었습니다. 비판적인 시각으로 세상을 똑바로 보려고 노력하게 되었고, 너그럽고 유연해졌습니다. 언제나 서로를 지지하고 환대하는 진실한 책 친구들이 생겼습니다. 함께 모임을 했던 누군가는 독서모임을 통해 인간관계의 문제가 개선되었고, 누군가는 직업을 찾았고, 누군가는 꿈을 이루었습니다.

올해로 독서모임을 꾸린 지 10년 차가 됐습니다. 그동안 쉬지 않고 모여서 함께 읽었고, 이쯤이면 제가 알고 있는 것들을 나누어도 될 만한 최소한의 자격은 갖춘 것 같습니다. 무엇보다 독서모임을 하면 얼마나 좋은지 많은 사람에게 알리고 싶어서 책을 쓰게 되었습니다.

독서모임을 꾸리겠다고 마음먹었을 때, 참 막막했습니다. 그때만 하더라도 지금처럼 독서모임이 많지 않았습니다. 지금은 온라인과 오프라인에서 다양한 독서모임을 접할 수 있지만 그때는 주위에서 독서모임 하는 사람을 쉽게 찾아볼 수 없었습니다. 회원모집을 할 수 있을지, 책 선정은 어떻게 해야 할지, 모임 진행이 가능할지, 걱정도 많고 알고 싶은 것도 많았습니다.

모임을 하면서 위기도 있었고, 시행착오도 겪었습니다. 권태기가 오기도 했고 책 친구들 사이에 찬바람이 부는 날도 있었습니다. 그때마다 이대로 모임이 없어질까 봐 밤잠을 설치며 머리를 쥐어짜고, 모임의 질을 높이기 위해 고민했습니다. 그 과정에서 어떻게 하면 잘되는 독서모임을 꾸릴 수 있을지 나름대로 답을 찾게 되었습니다.

이 책에는 잘되는 독서모임을 꾸리고 싶은 사람, 모임을 꾸렸다가 실패한 사람, 독서모임에 참여하고 싶지만 망설이고 있는 사람, 독서모임이 아니라 그저 책 읽기에만 관심을 두고 있는 사람들에게도 도움이 될 만한 정보를 담았습니다.

10년 전으로 돌아가 제가 가장 궁금했던 질문에 대한 답을 담아보려 노력했습니다. 더불어 모임을 운영하면서 겪은 다양한 이야기와 모임을 통해 삶의 변화를 경험한 사람들의 이야기를 기록했습니다.

이 책이 모임을 지속하는 데 조금이나마 보탬이 되고, 한 사람이라도 독서모임을 시작하게 되거나 책과 가까운 삶을 살게 되는 데 도움이 된다면 더할 나위 없겠습니다. 책을 사랑하는 여러분의 독서 생활을 뜨거운 마음으로 응원합니다.

2023년 가을,

김지영

목차

2장

독서모임 꾸리기, 이대로만 하면 된다

3장

잘되는 독서모임은 이것이 다릅니다

4장

함께 읽으니 이래서 좋더라

5장

독서를 넘어 변화와 행동으로

1장

어서 와,
독서모임은
처음이지?

1

책을 왜 읽으려고 하세요?

이 책을 읽고 있는 당신은 아마도 독서모임에 참여하고 있거나 모임을 꾸리고 싶은 마음이 있는 사람일 것이다. 어쩌면 이미 독서모임을 운영 중일지도 모르겠다. 「2021년 국민 독서실태 조사」에 따르면 성인 중에서 1년간 책을 한 권 이상 읽은 사람은 47.5%라는 결과가 나왔다. 바꿔 말하면 1년간 책을 한 권도 읽지 않은 사람이 52.5%나 된다는 이야기이다.

사람들이 이렇게 책을 읽지 않는다고 하는데 당신은 어쩌다 독서모임에 관심이 생겼는지 궁금하다. 먹고사는 일만으로도 바쁜 세상인데 왜 책을 읽으려고 하는가? 우리는 왜 책을 읽어야만 하는가?

책을 싫어하는 어린아이는 없다. 이제 막 걸음마를 뗀 아이가 그림책을 들여다보거나 책을 가지고 노는 모습을 흔히 볼 수 있다. 아이를 키우다 보면 계속해서 책을 읽어달라고 조르는 바람에 목이 쉬어라 읽게 되는 날이 있다. 아이들 대부분은 책 읽기를 좋아한다.

주야장천 책을 읽어달라던 아이들이 학교에 들어가면 책과 거리두기를 한다. 저학년까지는 그럭저럭 독서의 끈을 잡고 있다가 학년이 올라가면서 자연스럽게 책과 연결된 끈을 놓아버린다. 우리는 모두 책을 좋아하던 아이였다. 책을 좋아했던 그 많던 아이들은 다 어디로 간 것일까? 어쩌다 일 년에 책 한 권도 읽지 않는 어른들만 남게 되었을까?

학교와 직장, 사회에서 살아남으려면 책을 읽을 여유가 없다. 대학 진학, 자격증 취득, 취업과 승진 등 눈앞에 놓인 과업을 해결하며 살다 보면 책 읽기는 우선순위에서 밀린다. 책 읽기에 시간을 빼앗겼다가는 남들만큼 성취를 이룰 수 없다. 한가하게 책이나 읽기에는 시간이 한참 부족하다. 책을 읽지 않는다고 당장 인생이 망하는 것도 아니다. 다만 책과 담쌓고 지냈다가는 훗날 스스로 생각할 수 없게 되는 뼈아픈 대가를 치르게 된다.

요즘은 생각하는 힘, 이른바 '사고력'이라는 단어가 흔해졌다. 각종 수험서와 문제집에 '사고력'이 붙지 않은 것을 찾기 힘들 정도다. 지나치게 사용하다 보니 단어의 의미가 퇴색될 지경이다. 이상한 점은 성인이 되면 더 이상 사고력을 키우기 위해 애쓰지 않는다는 것이다. 우리 사회에서 사고력은 학생들이 시험 정답을 맞히기 위해 필요한 능력 또는 대입을 위해서만 필요한 요건으로 보인다.

사고력의 사전적 의미는 '생각하고 궁리하는 힘'이다. 정작 그 힘이 제대로 발휘되는 시기는 성인이 되고 나서부터이다. 성인이 되면 수많은 선택을 하고, 그 선택에 대한 책임을 지기 시작한다. 사고력이 없는 사람은 잘못된 선택을 할 확률이 상대적으로 높을 수밖에 없다. 그런데도 성인들은 사고력을 키우는 일을 등한시한다.

독서를 통해 사고력을 기를 수 있다고 하면 어떤 사람들은 "나이가 몇인데 이제 와서 왜 사고력을 기르느냐?"라고 반문한다. "이미 늦었다."라고 말하기도 한다. 생각하고 궁리하는 힘은 어린 시절에만 기를 수 있는 것이 아니다. 평생 연마해야 한다. 매일 단련하지 않으면 점점 힘이 약해진다.

생각하는 힘이 없는 사람은 남들이 좋다고 하는 삶을 살기 위해 애쓰다 인생이 흘러가 버린다. 자기가 원하는 것이 무엇인지도 모른 채 그저 경주마처럼 앞만 보고 달릴 뿐이다. 반대로 생각하는 힘을 가진 사람은 남들이 정답이라고 하는 대로 살려고 하지 않는다. '그 답이 정답이 맞을까?' '과연 정답이 존재하기는 할까?' 본질적인 질문을 품고 의심하며 새로운 길을 만들어 간다.

그들은 선택의 순간이 오면 주체적인 결정을 한다. 적어도 남이 정해 둔 길을 이유도 모른 채 따라가지는 않는다. 자신에게 묻고 답을 찾는다. 생각하는 힘은 독서를 통해 길러진다. 이 사실을 깨달은 사람들은 지금 책을 읽고 있다.

책을 읽기만 하면 생각하는 힘을 기를 수 있을까? 애석하게도 읽기만 하는 것으로는 안 된다. 바쁜 일상에서 시간을 쪼개 열심히 읽었는데도 사고력을 기를 수 없다니. 맥이 빠지는 일이다. 독서를 통해 생각하는 힘을 기를 수 있는 것은 맞지만 책을 어떻게 읽는지가 관건이다. 눈으로만 훑고 제대로 읽지 않는다면, 100권을 읽어도 생각하는 힘을 기를 수 없다. "이 책을 읽었다."라고 말할 수 있으려면 묻고 답하는 독서를 해야 한다. 질문하고 사유하고 성찰할 때 생각하는 힘이 생긴다. 더불어 토론이야말로 사고력을 기르기에 알맞은 방법이다. 깊이 읽기와 토론, 두 마리 토끼를 다 잡는 데에는 독서모임만 한 것이 없다. 독서모임은 책을 읽고 생각을 정리하고 논제를 만들어서 토론하는 모임이다. 논제를 만들려면 천천히 읽고 책의 내용을 다각도에서 살펴야 한다.

독서모임을 하고 있다고 하면 어떤 사람들은 책을 안주 삼은 사교모임이라고 생각한다. 또는 고급 취미모임 정도로 생각하기도 한다. 독서모임은 사교모임도 아니고, 취미모임도 아니다. 굳이 명명하자면 연구모임에 가깝다. 독서모임은 토론 중심이어야 하며 책과 인간, 세상을 연구하는 모임이다. 수다를 떠느라 책이 밀려나서는 안 된다.

오랜 교사 생활 끝에 퇴직한 A의 독서량은 압도적이었다. 남들이 읽지 않는 어려운 책을 주로 읽고, 읽은 책을 모임에 와서 알리고 가르치기를 좋아하는 사람이었다.

그가 읽은 독서목록을 듣고 대단하다고 말하지 않는 사람이 없을 정도였다. 이상한 것은 그렇게 책을 많이 읽는데도 그의 사고가 편협하다고 느껴진다는 것이었다. 토론할 때도 반대 의견을 받아들이지 못했다.

그의 말투에는 인상적인 점이 있었는데 '절대'라는 부사를 버릇처럼 사용했다. "절대 이해 못 해요.", "절대 안 되죠.", "절대 용납할 수 없어요."와 같이 부정적인 어미와 함께 쓰이는 '절대'를 습관처럼 썼다.

본인이 생각하기에 수준이 낮다고 여겨지는 책을 선정하면 언짢은 심기를 드러냈고, 책을 선정한 사람을 은근히 깎아내리기도 했다. 여러 사람이 A 때문에 불편한 감정을 느꼈고 상처받았다.

세상에 나와 있는 훌륭하다는 철학책과 인문학책을 그렇게 많이 읽는데 그는 왜 사람들을 불편하게 만드는 것일까? A에게 책 읽기는 과시욕과 지적 허영을 채우기 위한 도구일 뿐이었다. 사유와 성찰이 빠진 가짜 독서를 했으니 읽으면 읽을수록 교만해지는 것이다. 앎과 삶이 하나가 되지 않았다.

책을 제대로 읽은 사람은 아는 것을 삶에서 실행한다. 그리고 겸손하다. 그동안 내 기준으로만 세상을 바라봤다는 사실을 깨달으면 겸손해질 수밖에 없다. 나 역시 책을 통해 나의 교만함을 깨달은 날부터 '절대'라는 말을 어지간해서는 쓰지 않게 됐다. 세상에 '절대' 안 되는 일이나 '절대' 이해 못 할 일이 없다는 것을 알았기 때문이다.

살면서 마주하는 선택의 순간마다 더 나은 선택을 할 수 있는 '생각하는 힘'을 기르고, 자신의 교만함을 마주하고 '겸손'해지는 것. 겸손함으로 사람과 세상을 더 깊이 이해하고 포용하는 것. 그것이 우리가 책을 읽어야 하는 이유이다.

2

독서모임,
나 빼고 다 하는 이유

인스타그램에서 '독서모임'이라는 해시태그를 검색하면 48만 5,000여 개의 게시물이 뜬다. 코로나19 이후 대면 모임은 줄었지만, 온라인 독서 모임이 폭발적으로 늘어나면서 독서모임에 대한 관심이 꾸준히 증가하는 추세이다.

문화체육관광부가 발간한 「2021년 국민 독서실태 조사」에 따르면 우리 국민의 독서율은 직전 조사인 2019년에 비해 더욱 낮아졌으며, 종이책의 독서율은 무려 11.4% 감소했다. 2021년 성인 1인당 종이책 독서량은 2.7권으로 2019년 6.1권에 비해 대폭 줄어들었다. 전자책을 포함한 독서량도 2021년 4.2권으로 2019년 7.3권에 비해 크게 줄어든 것으로 확인됐다. 조사 결과를 통해 우리 국민이 책 읽기와 얼마나 멀어지고 있는지 알 수 있다.

독서 인구는 줄었다고 하는데 독서모임을 하는 사람들은 왜 늘어난 것일까? 책을 좋아하는 사람들이 '취향이 통하는 인간관계를 맺고 싶다'는 욕구를 갖기 시작했기 때문이다. 이들은 더 많이, 더 깊이, 함께 읽기를 원하고 있다.

주위를 둘러봐도 책 좀 읽는다는 사람 중에 독서모임 경험이 없는 경우가 드물다. 학부모 독서모임, 직장인 독서모임, 지역 독서모임 등 다양한 형태와 방식의 독서모임이 생겨나면서 개인의 상황에 맞게 모임을 고를 수 있게 되었다.

도대체 독서모임을 통해 얻을 수 있는 효과가 무엇이기에? 책은 혼자서도 읽을 수 있는데, 왜 같이 읽으려고 할까? 그들이 함께 읽는 까닭을 알아보자.

편독 없는 독서를 하고 싶어서

특정한 분야와 장르만 읽는 편독 습관이 있다면 당장 참여가 가능한 독서모임부터 검색해 보길 추천한다. 독서모임을 통해 전혀 관심 없는 장르, 혼자라면 읽지 않을 분야의 책을 읽을 수 있다.

실제로 독서모임에 참여하기 전까지 B에게 책이란 곧 소설이었다. 소설 외 장르는 읽지 않았고 특히 비문학은 접해본 적이 없었다. 반대로 C는 자기계발서에 치우친 독서를 했다. 문학은 고등학교 졸업 이후로 읽지 않았다.

독서모임에 참여하고 6개월 만에 그들의 독서 습관은 개선됐다. 물론 여전히 선호하는 장르는 있지만 특정 분야만 고집하던 독서 습관은 고쳐졌다. 독서모임에서는 새로운 책을 접하면서 편독 습관을 없애고 인식의 지평을 넓힐 수 있다. 그뿐만 아니라 다양한 사람과 다른 생각을 공유함으로써 성장을 이루게 된다.

묻고 답하는 독서가 궁금해서

혼자 읽기가 아쉬운 점은 감상을 공유할 수 없다는 것이다. 다른 사람들은 어떻게 읽었는지, 어느 부분에서 감동했는지 분노했는지 웃었는지 울었는지 궁금하지만 알 길이 없다. 머릿속에 떠다니는 질문들에 관해서도 이야기를 주고받을 사람이 없다.

독서모임에서는 책을 읽는 데서 그치지 않고 읽은 내용을 공유한다. 논제를 가지고 토론하며 서로 질문하고 답한다. 같은 책을 읽고도 다양한 관점으로 해석할 수 있다는 것을 알게 되고, 비판하고 수용하는 과정에서 새로운 답을 찾기도 한다. 편협한 사고가 넓어지고 세상을 열린 마음으로 바라볼 수 있게 된다.

묻고 답하려면 성찰하고 사유해야 한다. 사유가 깊어질수록 좋은 질문을 만들 수 있고, 좋은 질문은 모임을 풍성하게 한다. 질문과 독서모임은 떼려야 뗄 수 없는 한 쌍이다. 묻고 답하는 독서는 책을 제대로 이해하고, 읽은 내용을 오래 기억하게 한다.

독서하는 습관을 기르고 싶어서

마이크로 소프트의 창업자 빌 게이츠는 "오늘의 나를 있게 한 것은 우리 마을의 도서관이었다. 하버드 대학 졸업보다 소중한 것이 독서하는 습관이다."라고 말했다. 미국의 교육행정가 호러스 맨은 "한 문장이라도 매일 조금씩 읽기로 결심하라. 하루 15분씩 시간을 내면 연말에는 변화가 느껴질 것."이라고 했다. 어디 이들뿐이겠는가. 사회적으로 존경받는 많은 사람이 성공의 비결로 독서 습관을 꼽는다.

책 읽기가 좋다는 것은 초등학생도 아는 사실이지만 독서를 습관화하는 것이 쉬운 일은 아니다. 볼거리와 즐길 거리가 넘쳐나는데 책상에 앉아 책을 읽는 것이 도를 닦는 것처럼 느껴지기도 한다. 수많은 유혹을 뿌리쳐야 하니 말이다.

독서 습관을 기르고 싶은데 혼자 힘으로는 힘들다면 독서모임이라는 처방이 필요하다. 모임에 참여하기 위해서는 반드시 책을 읽어야 한다. 어떤 사람은 일정한 분량을 매일 읽는가 하면 어떤 사람은 하루나 이틀에 몰아 읽기를 한다. 완독하는 방법은 개인의 상황과 성향에 따라 다르지만, 독서모임을 하면 어찌 되었든 꾸준하게 읽게 된다. 숙제하듯이 읽다 보면 자연스럽게 독서 습관이 형성된다.

성장하는 사람들을 만나고 싶어서

독서모임은 혼자 하는 것이 아니다. 사람과 사람이 만나서 하는 일이다. 평소에는 만날 기회가 없는 분야의 사람들을 만날 수 있다. 독서를 취미로 하는 다양한 사람들과의 만남은 생활에 활력을 가져다준다. 그들이 속해있는 세계를 간접적으로 접하며 새로운 지식을 습득하고 나를 더 발전시킬 수 있다. 독서모임의 큰 매력 중 하나는 다양한 사람과 친구가 되고 추억을 쌓으며 관계를 형성할 수 있다는 것이다.

독서모임에는 자기 위치에서 열심히 살아가면서 또 다른 성장을 꿈꾸는 사람들이 있다. 현재 하는 일이 학생이든 가정주부든 회사원이든 사업가이든 현업에 충실하면서도 안주하지 않으려는 사람들이다. 그들은 건강한 에너지를 나누면서 서로서로 성장하게 돕는다.

현실을 바꾸고 싶어서

독서모임으로 인생이 달라졌다는 사람들이 있다. 어떻게 그런 일이 있을 수 있을까? 그저 모여서 책을 읽었을 뿐인데 인생이 달라졌다니. 지나친 과장이 아닐지 의심할 만하다. 혼자 책을 읽을 때는 머릿속에 지식과 정보, 책에 대한 감상이 쌓인다. 대부분은 거기서 독서가 끝난다. 한 권을 또 읽어냈다는 자기만족이나 위안에서 그치기도 한다. 그렇게 끝을 낸 독서가 내 인생에 어떠한 변화를 불러올 수 있을까? 많이 읽었다고 성장하는 것이 아니다.

독서모임은 사람들과 대화를 통해 읽은 것을 나눈다. 알게 된 것을 어떻게 행동으로 옮길지 함께 고민한다. 때로는 구성원들과 함께 쓰레기를 줍고, 후원이나 기부를 한다. 회사나 동네에서 마주치는 사람들에게는 먼저 웃으며 인사를 건넨다. 성숙한 독서모임은 읽고 나누는 데서 그치지 않고 행동하는 독서모임이다. 행동하면 인생을 바꿀 수 있다.

이쯤 되면 독서모임을 해야 하는 이유를 찾기보다 하지 않는 이유를 찾기가 더 어려울 정도다. 수많은 장점을 뒤로하고 책을 좋아하는 사람들과 책 이야기를 할 수 있다는 것만으로도 독서모임을 해야 하는 이유는 충분하다. 게다가 성장과 변화를 불러오기까지 하는 독서모임, 하지 않을 이유가 있을까?

3

온라인 독서모임 vs 오프라인 독서모임

내가 처음 독서모임을 시작했던 10년 전에는 온라인 독서모임이라는 용어가 없었다. 10년 전으로 거슬러 올라갈 필요도 없이 코로나19가 확산되기 전까지만 해도 대면하지 않고 독서모임을 하는 것은 상상할 수 없는 일이었다.

지금은 어떠한가? 전대미문의 감염병으로 세상은 무서운 속도로 변화했고 그로 인해 비대면 모임이 일상이 되었다. 독서모임도 마찬가지다. 이제는 인터넷에서 '독서모임'을 검색하면 오프라인 독서모임보다 온라인 독서모임이 더 많다고 느껴질 정도로 비대면 독서모임의 숫자가 늘어났다. 다양한 온라인 도구가 등장했고 그것들을 활용해서 모임의 규모를 폭발적으로 키운 온라인 독서모임도 많아졌다.

독서모임을 하려고 하는데 온라인 독서모임과 오프라인 독서모임 중에서 어떤 모임을 선택해야 할지 망설이고 있다면, 둘 다 경험해 보길 권한다. 요즘에는 단기 독서모임도 있으니 두 가지 형태를 모두 경험하는 것이 어려운 일은 아니다. 참여자의 성향에 따라 온라인이 좋다고 느낄 수도 있고 오프라인이 좋다고 느낄 수도 있다.

온라인 독서모임 특징

1) 지리적 제한이 없다

온라인 독서모임은 대부분 화상회의 프로그램인 'Zoom'을 이용한 모임이라고 생각하면 된다. 지리적 제한이 없어서 서울, 광주, 부산, 제주는 물론이고 해외에 거주하는 사람과도 모임이 가능하고 폭넓은 인간관계를 형성할 수 있다. 다양한 배경과 경험, 문화를 가진 사람들과 만나는 기회를 얻는 것이 장점이다.

2) 시간의 제약이 없다

시간에 대한 제약도 오프라인 모임보다 적다. 새벽 모임이나 야간모임은 온라인이 아니라면 지속하기 쉽지 않다. 나 역시 온라인으로 진행하는 새벽 독서모임에 참여한 경험이 있는데, 새벽 6시인데도 불구하고 무려 다섯 명이 모였다. 시간의 제약 없이 참여자들은 각각의 편의에 맞는 장소에서 모임에 참여할 수 있다. 모임을 위한 준비시간과 이동시간이

거의 발생하지 않는 것도 장점이다.

3) 쌍방향 소통의 어려움

장점만 있는 것은 아니다. 우리 독서모임도 한참 코로나19가 성행했을 때는 늦은 밤에 'Zoom'으로 모임을 진행했다. 경험한 바에 따르면 온라인 독서모임의 최대 단점은 쌍방향 소통이 원활하지 않은 것이다. 발제자 또는 운영자 중심으로 이야기하다 보니 독서모임을 가장한 강의가 아닌가 싶은 생각이 들기도 한다. 주로 채팅창을 통해서 의견을 나누고 대화를 직접 주고받지 않아 소통이 매끄럽게 이어지지 않는다. 때로는 인터넷 연결이 불안정해서 소리가 끊기거나 화면이 멈추는 현상이 발생하기도 한다.

4) 발언하지 않는 참여자들

개인적으로 온라인 모임에서 가장 아쉬웠던 점은 발언을 주도하는 일부 참여자들의 의견이 다수의 생각인 것처럼 비춰지는 것이었다. 온라인 모임은 오프라인 모임과는 다르게 참여자가 발언하지 않으려고 마음먹으면 모임이 끝날 때까지 입을 열지 않을 수도 있다. 소극적인 참여자들은 그런 점을 온라인 모임의 장점으로 꼽기도 한다. 나서서 말하고 싶지는 않고, 다른 사람들의 생각은 궁금해서 온라인 모임에 참여한다는 사람들도 있다.

5) 깊이 있는 관계로 발전하기 어려워

소극적인 참여자와 적극적인 참여자가 모이면 일부가 모임의 분위기를 흔드는 일이 생긴다. 그럴 때 서로의 표정이나 손짓, 몸짓 등 비언어적인 표현을 다 읽을 수 없어 소통에 오해를 일으키기도 한다. 모임을 함께 하고는 있지만 직접 만날 기회가 없어 깊이 있는 관계를 맺기 어렵다는 점도 온라인 모임의 단점으로 지적된다.

오프라인 독서모임 특징

1) 자연스럽고 활기찬 쌍방향 소통

오프라인 독서모임에서는 참여자들이 얼굴을 마주하고 이야기를 나누기 때문에 자연스럽고 활기차게 대화를 이어갈 수 있다. 온라인에 비해서 소수로 진행되므로 발언의 기회가 많고 쌍방향으로 의견을 듣고 생각과 감정을 공유한다. 이를 통해 서로를 이해하게 되고 더욱 깊이 있는 토론을 나누는 것이 가능하다.

2) 신뢰하는 관계로 발전

참여자들이 신뢰하는 관계로 발전해서 모임에서 만난 인연을 오래 유지할 수 있는 것 또한 오프라인 독서모임의 장점이다. 나만 하더라도 '책친구'라 할 수 있는 인연은 모두 오프라인 모임을 통해 맺어졌다. 지금은 사정상 모임에 나오지 않는 사람들과도 꾸준히 연락하며 지낸다. 이렇게 만남을 이어갈 수 있는 것은 오프라인 모임을 함께했기에 가능한 일이다.

3) 시간과 장소의 제약

단점은 시간과 장소에 제약이 있다는 것이다. 집 밖으로 나서서 일정한 시간과 장소에 함께 모여야 한다. 때로는 온라인 모임이라면 참여할 수 있는데 오프라인 모임이라서 참여가 불가능한 상황도 있다.

예를 들어 어린 자녀가 있는 엄마들은 아이가 아파서 모임에 참석하지 못할 때가 있다. 우리 모임에서도 흔하게 있는 일이다. 그럴 때는 참여자들에게 양해를 구하고 오프라인 모임을 온라인 모임으로 변경해서 진행하기도 한다. 아이 엄마가 아픈 아이를 재운 뒤 모임에 참석할 수 있도록 배려하는 것이다.

만약 온라인 독서모임이라면 같은 상황에서 한 사람을 위해 회원들이 기꺼이 모임 일정과 방식을 변경하기 어려웠을 것이다. 다수가 합의해 모임 일정을 바꾸는 것이 쉬운 일은 아니다. 오프라인 모임을 통해 그동안 쌓은 신뢰와 애정이 있었기에 가능한 일이었다.

4) 소극적 참여자들은 부담을 느끼기도

앞서 온라인 모임에서 한마디도 하지 않고 돌아가는 사람들에 대해 이야기한 바 있다. 대부분의 오프라인 독서모임에서는 발언 시간이 고르게 주어진다. 발언하고 싶지 않더라도 발언해야 하는 것은 오프라인 모임의 장점이자 단점이다. 모임 분위기에 초를 치지 않으려면 말하기 싫어도 입을 열어야 한다. 그런 점이 일부 참여자들에게는 부담스럽게 느껴지기도 하고 불만의 요소로 작용하기도 한다. 이런 문제는 운영자가 융통성 있게 조율할 필요가 있다. 냉정하게 들릴지 모르겠지만 토론하지 않고 자리만 지킬 생각이라면 굳이 독서모임에 참여할 필요가 있을까. 적극적이고 능동적으로 모임에 참여해야 서로 성장한다.

온라인 독서모임과 오프라인 독서모임의 장단점은 뚜렷하다. 어떤 면에서는 장점이 단점이 되기도, 단점이 장점이 되기도 한다. 다시 말해 어느 쪽도 나쁘기만 한 것은 없다. 그럼에도 개인적인 선호도를 묻는다면 오프라인 모임에 마음이 기운다.

국내 최대 오프라인 유료 독서모임은 코로나19를 지나면서 한때 코로나 직전 대비 회원 75%가 줄었다. 온라인 독서모임으로 겨우 버텼다고 한다. 이제 시대적 흐름은 온라인 독서모임으로 가고 있지만 오프라인 모임을 해본 사람이라면 온라인 모임의 아쉬움이 크게 느껴질 수밖에 없다.

얼굴을 맞대고 이야기를 나눌 때만 느껴지는 온기가 있다. 눈빛과 표정으로 내 생각에 공감해 주는 사람들을 만나면 나와 생각이 다를 때에도 마음 상하지 않게 인정하고 받아들이게 된다. 덤으로 어떤 날은 맛 좋은 간식이, 어떤 날은 귀여운 책갈피가 오가기도 한다. 시간의 더께가 쌓일수록 책 친구들과의 토론은 깊이를 더해가고 다음 모임이 기다려진다.

물론 개인적인 취향 차이이다. 우리 모임도 이제는 상황에 따라 두 가지 형식의 모임을 적절하게 섞어서 융통성 있게 운영하고 있다.

온라인 독서모임이든 오프라인 독서모임이든 형식보다 중요한 것은 꾸준함이다. 각각의 장단점을 비교해서 나에게 맞는 방식을 선택했다면, 오랫동안 모임에 참여해야 한다. 읽고 토론하는 것을 끈기 있게 지속하면 서서히 변화하는 자신을 발견할 수 있다.

4

완독을 못 하겠어요

독서모임 참여자들에게 '완독'은 숙제이다. 회원들에게 설문을 해보았더니 다양한 분야의 책을 읽게 되는 것이 독서모임의 장점이라고 했다. 반면 흥미가 없는 책까지 완독해야 하는 것은 고충이라고 털어놨다. 모임 참가자라면 책을 읽고 모임에 참여하는 것이 얼마나 중요한지 알고 있을 것이다.

완독하지 않으면 토론에 끼어들 수 없고 그날은 모임 내내 구경꾼으로 머물다 가게 된다. 적절하지 않은 질문으로 의도하지 않게 분위기를 해치는 결과를 초래하기도 한다. 혼자 읽기를 할 때는 책장이 쉽게 넘어가지 않으면 책을 덮어버리면 그만이다. 그러나 독서모임에서 정한 책은 그럴 수 없다.

어쩔 수 없는 사정이 생겼을 때 한두 번은 책을 끝까지 읽지 못해도 다들 이해하는 분위기지만, 매번 완독에 어려움을 겪는다면 이해받기 힘들다. 스스로 책을 읽는 방법을 돌아볼 필요가 있다. 완독을 가능하게 하는 꿀팁이 있다. 독서모임 회원들의 경험을 통해 효과를 검증받은 방법들이다. 본인에게 맞는 방법을 찾고 읽는 경험이 쌓이면 완독쯤은 우스워지는 날이 반드시 온다.

빌려 읽고 구매하기

완독이 힘든 사람들은 책을 사기 전에 먼저 도서관에서 빌려 읽기를 추천한다. 대출 도서는 반납기일이 있다. 공공도서관은 2주가 기본이며 1주를 추가로 연장할 수 있다. 그러다 보니 도서관에서 빌린 책은 어떻게든 3주 안에는 완독하려고 노력하게 된다.

나 역시 책을 빌려 읽을 때와 구매해 읽을 때를 비교해 보면 빌려 읽었을 때 읽는 속도가 빨랐다. 구매한 책은 내가 원할 때 언제든지 읽을 수 있다는 생각 때문에 오히려 읽기를 미루게 된다. 독서모임 지정도서는 읽고 나면 소유하고 싶다는 생각이 자연스럽게 생긴다. 일단 대출해서 모임 전까지 읽기를 끝낸 후, 소장하고 싶은 책은 구매하길 권한다.

나만의 열람실 찾기

일정한 시간과 장소에서 정해진 분량을 읽으며 독서를 습관화한다. 좋아하는 공간이나 집중이 잘되는 장소를 나만의 열람실로 정해두면 좋다.

내 경우에는 일과를 마무리하고 밤 10시가 되면 책을 읽는다. 거실 창가에 놓인 테이블에서 20장을 읽는 것이 루틴이고 특별한 일이 없다면 매일 지키려고 노력한다.

요즘 책 한 권은 보통 250쪽 내외이다. 이런 방법으로 읽으면 대충 계산해도 일주일이면 한 권을 완독할 수 있다. 읽을 분량은 개인의 사정에 맞게 정한다. 매일 한 챕터가 될 수도 있고 10장이 될 수도 있다. 시간 가는 줄 모르고 책에 빠져들게 되는 날은 굳이 정해진 독서 시간이나 분량을 지킬 필요가 없다. 몰입해서 읽고 싶은 만큼 충분히 읽으면 된다.

같은 장소에서 책을 읽는 나와는 다르게 독서모임 회원 D는 돌아다니면서 책을 읽는다고 한다. 한 자리에서 읽다가 지루함을 느끼거나 졸음이 쏟아지거나 자세가 흐트러지면 장소를 이동하면서 분위기를 바꾸는 것도 괜찮은 방법이다.

D는 보통 서재 책상에서 읽기 시작해서 그만 읽고 싶은 생각이 들면 집안 곳곳을 돌아다니다가 베란다에 놓인 의자에서 마무리하는 것이 습관이 되었다고 한다. 여기서도 읽고 저기서도 읽어보자. 어떤 식으로든 완독할 수 있는 방법을 찾으면 된다.

읽는 데 집중할 수 있는 환경 만들기

시간, 장소, 분량을 정해서 읽는 것과 비슷한 맥락으로 책을 읽기에 앞서 음악을 틀거나 초를 켜는 독서 습관을 들이는 것도 좋다. 책 읽기를 위한 일종의 의식이라고 할 수 있다. 좋아하는 음악을 잔잔하게 틀고 초를 켬으로써 '이제 책 읽기를 시작해 보자.'라고 스스로를 깨운다.

책 읽는 공간을 함께 사용하는 사람이 있다면 무언의 부탁 또는 선포로 받아들여지기도 한다. 우리 집에서는 음악을 틀거나 아로마 오일 램프에 불을 붙이면 가족들이 이제 책 읽는 시간이라는 것을 알아차리고 집중할 수 있도록 배려해 준다. 읽는 환경을 만들고 정신을 깨우고 집중해서 읽으면 완독까지 걸리는 시간이 줄어든다.

모임 지정도서는 눈에 보이는 곳에 두기

독서모임 지정도서는 반드시 눈에 띄는 자리에 두어야 한다. 책장 한 구석에 얌전하게 꽂아 놓는다거나 가방에 넣어두었다가는 책의 존재를 잊기 십상이다. 눈에서 멀어지면 마음도 멀어진다는 말이 사람에게만 해당하는 말은 아니다. 읽기 힘든 책이든 쉬운 책이든 보여야 읽게 된다. 자꾸 눈에 띄면 쳐다보고 있기가 부담스러워서라도 집어 들게 된다. 눈 돌리면 바로 보이는 곳, 손을 뻗으면 쉽게 닿는 곳에 두고 보일 때마다 펼쳐 읽으면 어느새 고지가 코앞이다.

eBook으로 자투리 시간 활용하기

전자책보다는 종이책을 선호한다. 차르륵차르륵 책장이 넘어가는 소리도 좋고 색연필이나 형광펜으로 밑줄을 긋는 손맛도 놓칠 수 없다. 색

색의 포스트잇에 메모를 써 붙이는 재미도 쏠쏠하다.

하루는 대중교통으로 왕복 네 시간을 이동해야 하는 일정이 있었다. 이동시간에 독서모임 책을 읽으면 좋겠는데 하필 500쪽 분량의 『참을 수 없는 존재의 가벼움』이 선정 도서였다. 하루 종일 들고 다니기에는 꽤 부담스러운 두께였다. 이런 때에는 전자책을 읽는다. 무게의 압박에서 벗어나 버려지는 시간을 알차게 보낼 수 있다.

직장인에게는 전자책만 한 것이 없다. 휴대전화로 언제 어디서든 읽을 수 있고 화장실에 들렀을 때나 점심 식사 후 자투리 시간을 활용하기도 좋다. 책을 읽고 있으면 아무도 말을 걸지 않으니 식사 후 혼자만의 시간이 필요할 때도 안성맞춤이다. 가장 좋은 점은 취향에 맞지 않는 책을 읽을 때이다. 진도가 안 나가거나 독서 의지가 꺾이면 바로 입맛에 맞는 책으로 바꿔 읽을 수 있고, 분위기를 환기하면서 책과 멀어지려는 마음을 다잡을 수 있다. 이렇게 틈틈이 읽다 보면 모임 전까지 완독하기가 어렵지만은 않다.

독서모임에 참여하기 위한 첫 번째 관문, 완독을 위해서는 지루함을 없애야 한다. 취향에 맞지 않는 장르의 책이 선정됐을 때 완독이 힘든 이유는 결국 지루함 때문이다. 관심 없는 내용이라 궁금하지 않으니, 책을 계속 읽어나갈 수가 없다.

그것을 넘어서지 못하면 독서모임의 백미인 토론의 재미에 빠져들 수 없다. 책을 선택한 데는 그만한 이유가 있을 테니 일단 책을 선정한 사람을 믿어보자. 대체 왜 이렇게 재미없는 책을 골랐는지 어디 읽어나 보자. 다양한 방법으로 지루함을 극복하면서 읽다 보면 그 끝에는 의외의 즐거움이 기다리고 있을지도 모른다.

5

책은 읽었는데
무슨 말인지 모르는 분들에게

"겨우 완독했는데 내용이 이해가 안 돼요."

"오랜만에 책을 읽어서 그런지 무슨 말인지 모르겠어요."

"내용 파악이 안 돼서 힘들었어요."

"계속 앞장으로 돌아가서 읽은 내용을 확인해야 했어요."

"책을 읽긴 읽었는데, 전혀 이해하지 못해서 읽었다고 말할 수가 없어요."

책을 이해하는 것이 힘들었다는 사람들의 하소연은 거의 비슷하다. 힘겹게 완독하기는 했는데 무슨 말인지 몰라서 읽은 것 같지 않다는 것이다. 특히 독서모임이 처음인 데다 책을 오랜만에 읽기 시작한 사람들은 내용을 따라가기에 벅차서 '사유하는 독서'는 꿈도 꿀 수 없었다고 말한다.

매일 운동을 해야 몸의 근육이 커지듯이 책 읽기도 매일 반복해야 독서근육이 커진다. 운동을 하지 않고 식스팩이 생기길 기대하는 사람은 없다. 왜 책 읽기는 멀리했으면서 독서력이 쉽게 생기길 기대하는 것일까?

그동안 책 읽기를 게을리했다면 읽고도 무슨 말인지 모르는 것은 이상한 일이 아니다. 이럴 때 당황하거나 포기하지 말고 방법을 바꿔가면서 읽다 보면 나에게 맞는 독서법을 찾을 수 있다. 하루에 30분씩 두세 달만 꾸준하게 읽으면 극복할 수 있는 문제이다.

부족함을 받아들여라

책 읽기에 앞서 마음가짐부터 바꿔보자. 아직 독서력이 부족하다면 책을 읽고 한 번에 이해할 수 없다는 것을 받아들여라. 본인의 상태를 인정하지 않으면 이해가 안 되는 부분이 있을 때 쉽게 지친다. 스트레스가 쌓이고 책 읽는 즐거움을 느끼기도 전에 뒤로 물러나게 된다. 이해가 안 될지라도 우선은 전체 내용을 대충 훑어본다는 생각으로 읽자. 모르는 내용이 나와도 '그럴 수 있지.' 하고 가볍게 넘어가는 것이다.

학창 시절을 돌아보면 비슷한 경험을 떠올릴 수 있다. 시험을 앞두고 공부할 때, 처음부터 완벽하게 이해하고 넘어가려고 하면 도무지 진도가 안 나간다. 교과서 한 장을 공부하는 데 30분이 걸리기도 한다. 시험 범위까지 공부하려면 한참 남았는데 시간이 부족해서 포기하거나, 붙잡고 있다가 제풀에 지쳐서 책을 덮어버리게 된다. 그럴 때는 일단 전체를 한 번 훑고 두 번 세 번 반복해서 봐야 한다. 책 읽기도 비슷하다. 모르는 부분을 줄여 나간다는 생각으로 '선 훑어 읽기, 후 부분 읽기'를 해보자.

책을 지저분하게 만들어라

부분 읽기를 할 때는 한 장이 끝날 때마다 중요 내용을 요약하면 이해하는 데 도움이 된다. 요약을 위해서는 책을 지저분하게 만들어야 한다. 기억하고 싶은 문장이 적힌 페이지의 한 귀퉁이를 삼각형으로 접어 도그지어(Dog's ear)를 만들거나 인덱스를 붙여보자. 밑줄을 그어서 책을 더럽히는 것도 두려워하면 안 된다.

초보자들이 책을 깨끗하게 읽어서는 내용을 요약하기가 쉽지 않다. 핵심 내용이라고 생각되는 부분을 읽는 동안 표시해 두고, 그것을 중심으로 정리하는 연습을 해보자. 이런 훈련을 반복하면 글의 요점을 쉽게 파악할 수 있다.

읽는 순서를 바꿔라

전체 내용을 훑어 읽는 것조차 쉽지 않다면 읽는 순서에 대한 개념을 바꿔보자. 책을 반드시 목차대로 읽을 필요는 없다. 개념 위에 논리가 차곡차곡 쌓이면서 전개되는 책이 아니라면, 읽는 순서를 바꾸는 것도 시도해 볼 직하다. 가령 지금 읽고 있는 이 책도 순서를 바꾸어 읽어도 내용을 이해하는 데 무리가 없다.

사유도 질문도 성찰도 내용 파악이 되어야 가능하다. 모든 일에는 단계가 있다. 이제 걸음마를 뗀 아이가 전력 질주를 할 수는 없지 않은가. 현재 독서력이 만족스럽지 않더라도 독서가가 되기 위한 과정에 있다고 생각하면 된다. 자신에게 실망할 필요는 없다.

집중력을 점검하라

읽고도 내용이 이해되지 않을 때는 집중력에 문제가 없는지도 함께 점검해 봐야 한다. 집중력은 지속적인 훈련으로 향상될 수 있다. 집중력을 높이는 책 읽기 방법에는 여러 가지가 있다. 핑거 리딩(Finger Reading)도 추천하는 방법이다. 핑거 리딩은 손가락이나 펜으로 글자 아래를 짚어가며 읽는 독서법이다. 눈과 손이 함께 따라가므로 집중력이 좋아지고 자신에게 맞는 적당한 읽기 속도를 찾을 수 있다.

내용을 이해하지 못한 상태에서 무작정 계속 읽으면 머릿속에 다른 생각이 끼어든다. 눈은 글자를 보고 있지만 생각은 책에서 떠나 있던 경험을 해 본 적이 있을 것이다. 핑거 리딩의 장점은 눈과 손이 함께 움직이다 보니 다른 생각이 끼어들지 못한다는 점이다. 집중하지 않으면 손가락을 움직이면서 읽을 수 없다.

묵독 대신 음독

책을 소리 내어 읽는 '음독'을 하는 것도 좋다. 소리 내어 읽는다는 점에서는 낭독과 음독이 같지만, 낭독은 내용을 이해한 상태에서 목소리로 표현한다는 점에서 음독과 다르다. 내용 파악이 안 되는데 낭독할 수는 없다. 내용을 이해하고 일종의 연기를 더해 실감 나게 읽는 것이 낭독이고 음독은 단순히 소리를 내어 읽는 것이다.

우리는 보통 책 읽기를 하라고 하면, 묵독으로 읽는다. 묵독은 눈으로만 읽지만, 음독은 눈으로, 입으로, 귀로 세 번 읽는 것과 다름없다. 인간의 뇌는 여러 개의 감각을 동시에 써서 더 많은 자극을 받을수록 오래 기억한다.

필사를 활용하라

책에 대한 기록을 남기는 것도 내용을 파악하는 데 도움이 된다. 책을 읽고 떠오르는 단어나 단상을 모아서 감상평을 써보기를 권한다. 글쓰기가 부담스럽다면, 필사하는 것도 책에 대한 이해도를 높이는 좋은 방법이다.

몇 년 전부터 책모임 중에서 필사 모임이 눈에 띄게 늘었다. 거기에는 그만한 이유가 있다. 글에는 글쓴이의 마음이 고스란히 담긴다. 필사하다 보면 저자의 마음을 느낄 수 있고, 이것이 책을 이해하는 데 큰 도움이 된다. 필사의 장점은 문장을 따라 쓰면서 저자가 왜 이렇게 썼는지 묻고 생각하며 답을 찾아보게 되는 것이다.

한 권을 모두 필사하지 않아도 된다. 중요하다고 생각되는 부분만 필사하면서 내용을 곱씹어 보는 것으로도 충분하다. 책을 읽다가 밑줄 친 곳이나 접어둔 곳이 있다면 그 부분만 모아서 따라 써보자. 필사가 습관화되면 이해력이 폭발적으로 늘어난다. 덤으로 문장력과 표현력까지 좋아진다.

완독했는데도 내용 파악이 안 되면 얼마나 답답할는지 이해된다. 거기다 발제라도 맡았다면 모임 날짜가 다가올수록 불안하고 초조해질 수 있다. 정석이 아닐지라도 여러 가지 시도를 하면서 나만의 독서법을 찾으면 된다. 정석이 정답은 아니다. 집중력과 이해력을 높이기 위해서 '다양한 방법으로 읽기'에 도전해 보자. 첫술에 배부를 수는 없다. 책 읽기도 훈련이 필요하다. 모든 훈련의 핵심은 매일, 성실하게 하는 것이다.

6

독서모임은 마라톤

마라톤은 42.195km를 달리는 장거리 경주이다. 축구, 야구, 골프 등 다른 운동처럼 규칙이 복잡하지 않고 특별한 기술도 필요하지 않아서 마음만 먹으면 누구나 즐길 수 있다. 기구나 장비를 이용하지 않고 비용도 거의 발생하지 않는다. '완주'라는 분명한 목표가 있으며 지구력과 체력, 정신력이 필요하다.

몇 달씩 훈련해야 하는 것은 기본이고 자신과의 싸움을 이겨내야 한다. 여기서 관건은 페이스 조절이다. 일관된 페이스로 달리기 위해 주자는 에너지를 절약하면서 뛰어야 하고 너무 빨리 출발하는 것은 피해야 한다. 페이스 조절에 실패하면 완주가 불투명하고 결승점을 통과하기 전에 에너지가 바닥나 버린다. 완주하고 난 후에는 엄청난 성취감을 맛볼 수 있다. 처음 달리기를 시작할 때는 지루하고 피로해서 관두고 싶은 마음이 생기지만 힘든 과정을 극복했을 때 따라오는 성취감은 크다. 독서모임과 마라톤은 매우 다른 활동이지만 공통점이 있다.

첫째, 둘 다 목표를 갖고 있다. 마라톤은 완주하는 것이 목표이고, 독서모임은 책을 완독하고 제대로 이해하는 것이 목표이다.

둘째, 둘 다 꾸준한 노력과 준비가 필요하다. 마라톤을 완주하기 위해서는 반복적인 훈련과 체력 관리가 필수이다. 독서모임도 자리를 잡기까지 최소 몇 달간은 시행착오를 겪는 등 훈련 과정이 필요하다.

셋째, 짧은 시간에 성과가 나오지 않고, 긴 호흡으로 참여해야 한다. 책 읽는 과정이 지루하고 힘들더라도 완독하고 모임에 참여하면 성취감이 크다. 오래 하려면 페이스 조절도 필요하다. 의욕만 앞세웠다가는 오래가기 힘들다.

넷째, 특별한 재능이 필요하지 않고 장비를 이용하지도 않아서 누구나 즐길 수 있다. 마라톤이 두 다리만 있으면 시작할 수 있듯이 독서모임도 책과 사람만 있다면 시작할 수 있다.

뜬금없이 마라톤 이야기를 꺼낸 데에는 이유가 있다. 독서모임 참여자로 오랜 시간을 함께해 온 E는 남편의 지방 발령으로 이사하면서 모임을 떠나게 됐다. 누구보다 열정적으로 모임에 참여했던 그녀는 정든 도시를 떠나는 것보다 독서모임을 할 수 없게 된 것이 더 아쉽다고 했다. E는 강원도의 소도시로 이사했고 동네가 익숙해질 무렵 직접 독서모임을 만들어 운영해야겠다고 결심했다. 독서모임의 매력에 빠져본 적이 있는 사람이라면 계속해서 모임을 할 수밖에 없다. 열정 회원이었던 그녀가 언젠가는 직접 모임을 꾸리게 될 것이라고 예상했었다.

E는 독서모임에 참여한 경험이 풍부하니 어렵지 않게 모임을 운영할 수 있다고 자신했는데 회원모집부터 난관에 부딪혔다고 했다. 모집이 되지 않았다. 문의는 많았는데 실제로 참여하겠다고 하는 사람은 없었다. 한 달이나 고전한 끝에 간신히 두 명이 모여 셋이 함께 모임을 시작했다. 둘이든 셋이든 모임을 시작하게 된 것만으로도 그녀는 행복했다. E가 리더가 되어 모임 진행을 맡고 세 사람이 돌아가면서 발제를 준비하기로 했다. 새로운 터전에서 만난 사람들과 책 이야기를 나누는 것은 즐거웠다.

하지만 안타깝게도 E의 독서모임은 반년을 넘기지 못하고 사라졌다. 회원 중 한 명이 발제가 부담스럽다고 빠지면서, 두 사람이 모임을 하게 된 것이 문제였다. 2인 모임은 둘 중의 한 명이라도 일이 생기면 모임 진행을 할 수 없다. 아직 어린 자녀를 키우고 있던 두 엄마의 독서모임은 아이가 아파서, 아이가 다쳐서, 아이가 방학이어서 점점 만나는 횟수가 줄어들다가 결국엔 분해되고 말았다.

그때 전화로 고충을 털어놓던 E의 이야기가 기억에 남는다.

"이사 오기 전에 우리가 함께했던 독서모임이 얼마나 좋았는지 제가 모임을 꾸리고 나서야 알게 됐어요. 모임을 유지하는 것이 이렇게 힘든 일인 줄 몰랐어요. 아이들이 어리기 때문에 더 쉽지 않네요."

당시 우리 독서모임도 참여자의 90%가 어린 자녀가 있는 엄마였다. E가 겪었던 문제들을 나도 겪었다. 버티는 수밖에 없다. 버티면서 문제점을 찾아 해결해 나가면 된다. 모집이 잘되지 않는다면 회원모집 글을 재정비하고 모집하는 채널도 바꿔봐야 한다. 문의만 있고 참여로 이어지지 않는 데에는 이유가 있다. 모임 요일과 시간에 문제가 있거나 읽는 책의 수준이 지나치게 높거나 낮지 않은지 살펴봐야 한다. 또는 참여자가 기대하는 구성원들의 연령대와 우리 모임 구성원의 연령대가 맞지 않아서 모집이 안 될 수도 있다. 원인을 빠르게 파악해서 다수가 만족할 수 있는 모임을 만들어야 한다.

E의 독서모임처럼 2인 모임이 겪는 어려움도 해결할 방법이 있었을 것이다. 그럴 때는 대면모임만 고집할 것이 아니라 'Zoom'이나 화상채팅을 이용하면 된다. 비대면 모임이 내키지 않더라도 모임을 안 하는 것보다는 낫다.

짧게라도 모임은 해야 한다. 자꾸 미루다 보면 열정도 식고 애정도 사그라들어서 모임이 없어지는 건 시간문제다. 모임 운영이 제대로 되지 않을 때, 독서모임은 마라톤이라고 생각하면 마음이 편해진다.

운동선수가 경기력이 떨어지면 문제점을 파악해서 훈련 방법을 바꾸는 것처럼 모임도 마찬가지다. 정확하게 진단하고 빠르게 변화해야 한다. 한두 달 안에 성과를 내겠다는 조급한 마음은 버리자. 지구력을 갖고 버티다 보면 차츰차츰 회원도 늘고 모임도 안정적으로 꾸려갈 수 있다.

E가 쉽게 모임을 포기하지 않았더라면 어땠을까? 지금쯤 탄탄한 독서모임을 이끌면서 많은 사람을 책의 세계로 안내하고 있을지도 모르는데 아쉬운 일이다. 당장 성과가 나지 않더라도 1년은 버텨야 한다.

독서모임을 마라톤으로 생각하라는 것은 비단 독서모임 운영자들에게만 해당하는 이야기가 아니다. 참여자들 역시 마찬가지다. 독서모임을 처음 시작하는 사람이라면 적응하는 데 시간이 필요하다. 처음 몇 개월은 책을 읽고 모임을 따라가는 것만으로도 정신이 없다. 다른 사람들도 사정은 마찬가지니까 크게 걱정할 필요 없다. '내가 너무 더딘 것이 아닐까?'라는 생각은 하지 않아도 된다. 우왕좌왕하는 시기가 지나고 독서모임을 즐길 수 있는 수준까지 가려면 최소한 1년이라는 시간이 필요하다. 1년을 버티는 사람이 많지 않은 것이 안타깝다. 대부분 한두 달은 열정을 갖고 참여한다. 그 이후에는 다른 참여자들에게 폐를 끼치지 않으려고 또는 지탄받기 싫어서 마지못해 나온다. 그러다가 온갖 핑계를 대면서 서서히 멀어진다. 재미를 느껴보기도 전에 발을 빼는 것이다.

1년 이상 모임에 참여하면 어떤 일이 일어날까? 모임을 꾸준히 하는 사람들에게 독서모임은 일상이 된다. 책을 읽는 것이 삶의 일부처럼 자연스러워진다. 즐기고 누리는 경지에 이르고, 독서모임이 취미이자 특기가 된다.

독서모임은 단거리 경주가 아니다. 숨 가쁘게 뛸 필요도 없고 단기간에 완성할 수도 없다. 쉬고 싶을 때도 있고 그만두고 싶은 순간이 올 때도 있지만, 마라토너가 습관처럼 뛰듯이 습관처럼 읽고 모여야 한다. 그렇게 1년을 버티면 그만하라고 등 떠밀어도 모임을 떠나지 않게 되는 날이 온다.

7

반드시 알아야 하는 독서모임 예의

"이번에는 꼭 참석하려고 했는데 급한 사정이 생겼어요."

"집안에 일이 생겨서 오늘은 결석합니다."

독서모임을 하다 보면 모임 당일에 불참을 통보하는 사람들이 있다. 누구나 피치 못할 사정이 생기는 날이 있게 마련이다. 최소한의 불참 사유만 밝혀주면 다들 이해하고 넘어가지만, 맥이 빠지는 것은 어쩔 수 없다. 참석 못 한다고 말이라도 해주면 그나마 다행이다. 예고도 없이 결석하는 사람들도 있다. 무슨 일인지 연락도 닿지 않다가 시간이 흐른 후에 아무렇지 않게 단체 대화방에 다시 등장한다.

독서모임에는 다양한 사람이 모인다. '다른 모임보다는 교양 있는 사람들이 모이겠지.', '독서모임이니까 개념 없는 사람들은 없겠지.'라고 기대한다면 실망하게 된다. 드물긴 하지만 기본적인 상식을 갖추지 않은 사람도 더러 있다. 독서모임이라고 다르지 않다. 사람들이 모인 곳에서 일어나는 여러 가지 일들이 독서모임에서도 일어난다.

독서모임 운영 초기에 있었던 일이다. F는 어린 자녀가 둘인 전업주부였는데 항상 자녀들로 인해 참석하지 못할 사정이 생겼다. 당시 우리 독서모임의 회원들은 모두 아이 엄마였기 때문에 오히려 F를 걱정했다. 하지만 이해하기 힘든 사정이 계속 생겼고 F는 모임에 나오는 날보다 나오지 않는 날이 더 많아졌다. 어쩌다 모임에 나오는 날에도 아이들 핑계를 대면서 책을 읽고 오지 않았다. 책을 읽지 않으니, 논제를 전혀 이해하지 못했고 책과는 상관없는 이야기를 늘어놓았다.

책을 열심히 읽고 온 회원들은 모임이 시작되면 서둘러서 책에 대한 이야기를 나누고 싶어 한다. 다른 사람들은 책을 어떻게 읽었는지 알고 싶어서 모임 날짜만 기다린다. 어서 토론이 시작되기를 원한다. 책과 관련 없는 이야기가 길어지면 그들은 모임에 나온 것이 슬슬 후회된다. F로 인해 회원들 사이에 불만이 생기기 시작했다. 모임의 분위기를 흐리고도 당당한 F의 태도는 사람들을 불쾌하게 만들었다.

운영자로서 F의 문제를 어떻게 풀어야 할지 고민이 많았다. F보다 더 어린 자녀를 양육하면서 직장에 다니는 회원도 있었다. 그들은 시간이 넘쳐서 취미 삼아서 모임에 오는 것이 아니었다. 시간을 쪼개고 쪼개서 책을 다 읽고 모임에 나오는 것은 독서모임이 그들에게 그만큼 소중하기 때문이다. 긴 고민 끝에 모임을 손꼽아 기다리는 회원들을 우선해야겠다는 결론을 내렸다. F에게는 본인이 다른 회원들에게 피해를 주고 있다는 사실을 알렸다. F는 인사 한마디 없이 더 이상 모임에 나오지 않았다.

독서모임에도 지켜야 할 예의가 있다. 독서모임을 시작하려고 한다면 독서모임의 예의를 알아두자. 기본적으로 지켜야 할 사항은 '출석'과 '완독'이다. 아무리 바쁘더라도 함께하는 사람들을 위해 반드시 지켜야 할 예의이자 규칙이다. 더불어 실수했을 때 인정하고 사과하는 태도를 갖추는 것도 중요하다.

앞선 사례에서 회원들이 F에게 불쾌감을 느꼈던 이유는 출석과 완독이라는 원칙을 무시했을 뿐 아니라 모임 당일에 결석을 통보하고도 미안함을 모르는 태도 때문이었다. 독서모임도 사람들이 모여서 하는 일이라 서로 감정이 상하면 모임이 흔들린다.

그때 우리 독서모임은 회비가 없는 대신 장소 대여료를 참석자들이 똑같이 나눠서 지불했다. 운영자는 모임 장소를 섭외할 때 참석 인원수에 맞춰 예약한다. 예고 없이 불참하는 회원이 생기면 참석한 회원들의 비용 부담이 늘어난다.

불참하더라도 장소 대여료는 내야 한다는 목소리도 있었으나, 현실적으로 불참자에게 장소 대여료를 받는 것이 쉽지 않았다. 당일에 불참 통보를 하면 모임 장소를 바꿀 수도 없으니, 참석자들이 장소 대여료를 모두 책임져야 한다.

모임 당일에 불참을 통보하는 참여자가 생기는 것은 발제자 입장에서도 유쾌하지 않은 상황이다. 발제자는 모임 인원수에 맞춰 발제지를 준비한다. 분량은 발제자의 성향에 따라 다르다. 한 사람당 한 장 분량으로 준비하는 사람이 있는가 하면, 여러 장의 발제지를 준비하는 사람도 있다. 보통은 발제지를 인쇄해서 배부하기 때문에 소액이라고 하더라도 비용이 발생한다. 모임 당일 불참 통보 혹은 무단결석은 모임을 열심히 준비한 사람들에게 피해를 주는 일이다. 의욕을 떨어뜨리는 것은 말할 것도 없다. 사정이 생겨서 참석이 어렵다면 구성원들에게 적극적으로 미안함을 표현해야 한다. 감정의 골이 깊어지지 않도록 구성원이 함께 노력해야 독서모임을 꾸준히 이어갈 수 있다.

'출석'만큼 '완독' 역시 중요하다. 완독이 힘든 상황이라면 줄거리를 파악하고 작품 해설을 읽는 등 작품에 대한 최소한의 정보를 알고 참석하는 성의를 보여야 한다. 독서모임은 책이라는 소재를 바탕으로 진지한 토론이 합쳐질 때 의미가 있다. 책의 내용을 전혀 모르는 상태에서는 대화가 원활하게 이어질 수 없다. 더 큰 문제는 이런 상황이 반복되면 자연스럽게 책을 읽지 않고 오는 사람들이 늘어난다는 것이다. 토론은 불가능하고 대화의 깊이는 얕아진다. 그렇게 되면 충실하게 책을 읽고 참석하는 회원들이 점점 모임을 떠나게 된다.

물론 완독하는 것이 쉬운 일은 아니지만 읽지 않는 사람들이 늘어나면 모임의 수명은 짧아진다. 독서모임에서 완독은 선택이 아닌 필수이다.

더불어 독서모임 참여자는 유연해져야 한다. 사람들은 본인이 갖고 있는 생각의 틀을 벗어나려고 하지 않는다. 독서모임을 시작했다면 조금만 자신을 내려놓고 다른 사람들의 이야기에 귀를 기울여 보자. 나와 다른 생각을 하는 사람들이 많다는 사실을 받아들이는 연습을 하면, 사고가 유연해진다.

사고가 경직된 사람들은 자신도 모르게 예의에서 벗어난 행동을 한다. 특히 견해가 다른 회원과 논쟁할 때 실수하는 일이 잦다. G는 본인의 생각과 다른 의견을 받아들이지 못했다. 『82년생 김지영』을 읽고 우리 사회에서 보이지 않는 형태로 존재하는 성차별적 요소에 관해 이야기를 나눈 날이었다. 자신만의 기준이 확고한 G는 토론 중에 지나치게 흥분한 나머지 본인과 생각이 다른 H를 비난하는 모습을 보였다. 모임의 분위기는 순식간에 얼어붙었다.

나는 G를 멈추게 할 기회만 엿보고 있었다. 끼어들 수 없을 정도로 감정이 격해진 그는 비아냥거리며 선을 넘었다. 다행히 H가 논쟁을 싫어하고 점잖은 성품이라 참고 넘겼지만, 이후에도 G는 본인과 다른 의견이 나올 때마다 공격적인 태도를 보였다.

G와 잦은 논쟁을 벌였던 H는 그의 무례함을 더 이상 참을 수 없었고, 1년을 채우지 못하고 모임을 그만두게 됐다. 정작 태풍의 눈이었던 G는

H가 떠난 뒤로도 한참 더 모임에 남아 논쟁을 이어갔다.

어떤 모임이든 예의 없는 행동을 하는 사람들이 한두 명쯤은 있다. 선을 넘을락 말락 아슬아슬하게 줄타기를 하는 사람들이다. 그들의 무례함 때문에 사이가 틀어지거나 모임을 탈퇴하는 사람도 있다. 독서모임을 하려는 사람은 기본적인 예의를 지켜서 구성원에게 피해를 주지 않아야 한다. 기본만 잘 지켜도 모임에서 물의를 일으키는 일은 발생하지 않는다.

8

독서모임을 망치는 사람들

독서모임을 하면 직업, 연령, 거주지 등이 다른 사람들을 만나서 몰랐던 세계를 알게 되는 재미가 있다. 많은 사람이 독서모임 중독에서 벗어나지 못하는 이유 중 하나는 좋은 사람들 때문이기도 하다.

여러 형태의 독서모임에 운영자와 참여자로 함께 하면서 서로에게 힘이 되는 인연을 맺을 수 있었지만 늘 좋은 만남만 있는 것은 아니었다. 때로는 이해하기 힘든 언행으로 독서모임을 망치는 사람들을 만나기도 했다.

모임에서 열심히 활동했던 I와 J는 이사로 인해 독서모임을 떠났고, 각각 독서모임을 만들어 운영하고 있다. 오랜만에 셋이 만나서 이야기를 나누다가 '독서모임을 망치는 사람들'은 어디에나 존재한다는 것을 알게 되었다. 그들은 모두 다른 사람이지만 놀라울 만큼 비슷했다. 본인들이 모임을 망치고 있다는 것을 혼자만 모른다는 것까지 같았다.

세 명의 독서모임 운영자가 직접 경험한 '독서모임을 망치는 사람들'의 유형을 공유하려고 한다. 독서모임에 참여하고자 한다면 혹시 내가 그들 중 한 사람이 되지 않도록 주의를 기울일 필요가 있다.

정치 이야기 마니아

독서모임에서 정치 이야기는 가급적 피하는 주제이다. 센스 있는 운영자는 정치적인 주제로 이야기가 흐르는 것을 재빠르게 눈치채고 화제를 돌린다. 그런데도 지속해서 정치 이야기를 꺼내는 사람들이 있다.

본인의 정치색을 드러내며 반대 진영으로 보이는 회원에게 정치학 강의를 시작하는 사람들이다. 상대방의 기분과 상관없이 본인의 이야기에 취해있으며, '나는 옳고 너는 틀렸다.'라는 생각을 주입하는 데 열중한다. 비슷한 유형으로는 종교 이야기 마니아가 있다.

발제 기피자

독서모임에 흔히 존재하는 유형으로 독서모임의 꽃이라 불리는 '발제'를 기피하는 사람들이다. 독서모임 경력과 관계없이 논제를 뽑는 것이 힘들고 부담스럽다고 앓는 소리를 하는 특징이 있다. 이들은 되도록 발제 순서를 늦추려고 한다. 발제할 때가 다가오면 매번 모임에 참석하지 못할 중요한 일이 생기고 만다.

발제 순서를 바꿔주거나 시간적인 여유가 생긴다면 성의 있게 준비를 해올까? 예상한 대로, '아니다.' 순서가 빠르거나 늦거나 상관없이 이들은 발제를 제대로 해 오지 않는다. 무의미한 질문으로 구색만 맞춘 발제지를 들고 오는 일이 허다하다.

발제가 허술하면 이야기는 금세 바닥나버린다. 모임 초기에 발제하는 습관을 제대로 들이지 않으면 누구나 '발제 기피자'가 될 수 있다는 것을 잊지 말자.

투 머치 토커

아무도 못 말리는 수다쟁이들이 있다. 쉼 없이 말을 쏟아내는 사람들이다. 하는 말의 절반은 논제와 전혀 관련이 없는 이야기이다. 더 큰 문제는 다른 사람들이 말할 기회까지 가로챈다는 것이다. 독서모임은 보통 두 시간 내외로 모임 시간이 정해져 있어 적절하게 발언 시간을 배분해야 한다. 회원 모두가 돌아가면서 발언해야 하고 각자에게 주어진 시간이 부족하거나 아쉽지 않아야 한다.

투 머치 토커들은 두 시간 내내 혼자 말하려고 한다. 들을 생각이 전혀 없다. 간혹 듣는 척을 하다가도 금세 상대방의 말을 끊고 본인의 이야기를 이어간다. 끼어드는 기술도 다양해서 정신을 차려보면 발언의 기회가 자연스럽게 그들에게 넘어가 있다. 발제자가 요령껏 제지하기도 하지만 그때뿐이다.

독서모임에는 다른 사람의 생각이 궁금해서 오는 사람도 있고, 내 생각을 이야기하고 싶어서 참여하는 사람도 있다. 모임 참여자들은 혹시 내가 너무 말을 많이 하고 있지는 않은지, 다른 사람이 말할 기회를 뺏고 있지는 않은지 살펴야 한다.

공사다망한 사람들

바쁘다는 말을 입에 달고 사는 사람들이다. 이들은 모임에 와서도 처리해야 할 일이 많다. 모임 내내 휴대전화를 만지작대느라 책 이야기에는 집중을 못 한다. 급한 용무 탓인지 걸려 오는 전화는 거절하는 법이 없다. 모임 중에도 통화를 하는데 짧게 끊을 때도 있지만 대부분 길게 이어진다. 전화를 받느라 들락날락하면서 이야기의 흐름을 끊는다.

통화를 하지 않을 때는 메시지를 확인하고 답장을 보내느라 바쁘다. 정신은 다른 곳에 두고 몸만 독서모임에 와 있는 것 같다. 공사다망한 이들이 책을 읽었을 리 없다. 눈치를 주면 "죄송한데 바빠서 책을 다 읽어오지 못했어요. 다음에는 꼼꼼하게 읽을게요."라고 하니 더 이상 할 말이 없다.

책을 대충 읽었으니 제대로 말할 수 없는 것은 당연하다. 토론해야 하는데 말의 요지가 무엇인지 알 수 없게 중언부언하다가 소중한 시간을 흘려보낸다. 다른 모임도 많을 텐데 굳이 독서모임에 왜 나왔는지 궁금할 뿐이다. 하루 종일 휴대전화를 들고 살면서도 모임에서 중요한 일을 결정해야 할 때는 답장이 가장 늦다. 알다가도 모를 일이다.

투덜이 스머프

〈개구쟁이 스머프〉라는 추억의 만화영화가 있다. 인간들은 찾을 수 없는 깊은 숲속 작은 버섯 마을에 살고 있는 꼬마 요정 스머프들의 이야기이다. 개성 강한 스머프들 중에 투덜이 스머프가 있다. 그저 투덜대는 것이 일상인 스머프라 대사도 딱 하나다. "난 싫어."

독서모임에도 투덜이 스머프들이 있다. 이들은 세상 모든 일이 마음에 안 든다. 모임 장소도 탐탁지 않고 선정된 책도 본인 취향이 아니다. 발제 순서도 바꿨으면 좋겠고 발제자가 뽑아온 논제도 마음에 들지 않는다. 하나부터 열까지 다 거슬린다.

'모임'은 어떤 목적 아래 여러 사람이 모이는 일이다. 서로 양보하거나 조금씩 불편을 감수해야 할 때가 있다. 내 입맛에 다 맞을 수는 없다. 투덜이 스머프들은 사람들이 자신에게 맞춰주길 바라는 경향이 있다.

이들이 위험한 이유는 불만이 쌓였을 때 특정 회원을 비방하는 모습을 보이기 때문이다. 모임 장소를 선택한 사람, 책을 선정한 사람, 그날의 발제자 모두 비웃음과 헐뜯음의 대상이 된다. 누구도 피해 갈 수 없다. 모든 것이 불편한 이들은 정작 자신이 모임에서 가장 불편한 존재라는 것은 모른다.

이 중에 나에게 해당하는 유형이 있는지 냉정하게 진단해 보자. 혹시라도 내 모습이 보인다면 각성하자. 모임에 도움이 되지는 못할지언정 피해를 주는 사람이 되지 않도록 늘 조심해야겠다.

독서모임이 처음일 때,
알아 두어야 할 TIP

1. 온라인 모임과 오프라인 모임을 모두 경험하라.
2. 꾸준하게 참여할 수 있는 모임 방식을 선택하라.
3. '출석'과 '완독'은 독서모임의 기본이라는 것을 잊지 마라.
4. 완독이 힘들 때는 읽는 방법과 읽는 순서를 바꿔라.
5. 다양한 시도를 통해 나만의 독서법을 찾아라.
6. 읽어도 이해되지 않을 때는 집중력을 점검하라.
7. 매일 30분씩, 훈련하듯이 읽어라.
8. 모임을 시작했다면 1년은 버텨라.

좋은 책을 읽는 것은

과거의 가장 훌륭한 사람들과

이야기를 나누는 것과 같다.

– 르네 데카르트

2장

독서모임 꾸리기, 이대로만 하면 된다

1

독서모임,
나도 한번 만들어 볼까?

독서모임 운영자들에게 모임을 왜 만들게 되었는지 물었더니 의외로 다양한 답변을 들을 수 있었다. "마음에 드는 독서모임이 없어서.", "지인 중에 책을 좋아하는 사람들을 못 찾아서.", "동네에서 사람을 사귀고 싶어서." 등 각양각색이었다.

이유가 어떻든 독서모임을 시작하려고 한다면 고민이 생긴다. 회원모집은 어떻게 하지? 과연 모집이 될까? 인원은 몇 명이 적당할까? 어디에서 모임을 해야 할까? 조용한 곳이 좋을까, 소음이 있는 곳이 나을까? 어떤 책을 골라야 토론하기에 적합할까? 내가 읽고 싶은 책으로 선정해도 될까? 모임만 하면 끝일까? 회원 관리는 어떻게 하지? 회칙도 정해야 할까? 회칙이 있으면 참여자들이 부담스럽지 않을까?

생각이 꼬리에 꼬리를 물다 보니 머리는 복잡해지고 점점 모임을 꾸릴 자신이 없어진다. 결국 모임을 만들려던 마음을 내려놓고 적당한 독서모임을 찾아 회원으로 활동하기도 한다. 그것도 좋은 방법이다. 탄탄하게 자리 잡은 독서모임에서 참여자로 활동해 본 후에 모임을 꾸리면 한결 수월하게 운영할 수 있다.

수많은 고민거리가 있음에도 불구하고 독서모임을 만들어 보기로 마음먹었다면 어떤 목적을 가지고 모임을 운영하고자 하는지 생각해야 한다. 목적이 확실해야 대상 회원이 정해지고 그에 따라 나머지 것들을 쉽게 결정할 수 있다.

일단 사람부터 모아야겠다고 생각했다가는 모임이 산으로 가기 십상이다. 나의 첫 독서모임은 '엄마 독서모임'이었는데 회원들끼리 마음도 잘 맞고 처음부터 모든 일이 순조롭게 잘 진행됐다.

시간이 지나면서 모임 운영에 자신감이 붙었고 이제는 '엄마'를 벗어나 다양한 직군에 있는 사람들을 만나고 싶다는 바람이 생겼다. 독서모임 하나를 이미 잘 운영하고 있으니 두 번째는 더 쉬울 것이라는 마음으로 새로운 독서모임을 만들었다. 이 모임은 어떻게 되었을까? 결과부터 이야기하자면 3개월을 넘기지 못하고 와해되고 말았다. 뚜렷한 목적이 없는 것이 문제였다.

첫 독서모임이 잘될 수 있었던 이유는 책을 좋아하는 동네 엄마들과 공감대를 나누고 '나'를 돌아보는 시간을 갖겠다는 목적이 있었기 때문이다. 육아하느라 지쳐 있던 주부들과 책 읽기에 갈증을 느끼고 있던 엄마들이 '엄마 독서모임'으로 찾아왔다. 기대하는 바가 비슷한 회원들이 모여든 것이다.

회원모집은 지역 맘 카페에서 했고, 모임 장소는 공공도서관 동아리방과 동네 카페로 정했다. 모임 시간과 요일을 정하는 것도 수월했다. 자녀들을 어린이집과 학교에 보낸 후, 평일 오전이 안성맞춤이었다.

책을 선정할 때는 육아서를 제외한 분야의 책들로 골랐다. 육아서 제외라는 조항은 모임의 목적과 함께 정해진 것이다. 구성원이 모두 엄마들이라 오히려 육아 이야기에서 벗어나 오로지 '나'에 대해서 생각하는 시간을 갖고 싶었기 때문이다.

비용을 지불하면서까지 책을 읽는 것이 주부들에게는 부담이 될 것 같아서 회비가 없는 무료 독서모임으로 꾸렸다. 이렇게 목적이 명확하면 그다음부터는 빠르게 일이 진행된다.

두 번째 독서모임은 '책을 함께 읽어보자'는 마음만 가지고 시작했다. 일단 사람만 모이면 어떻게든 될 거라고 생각했으니 잘될 리가 없다. 기대하는 바가 다른 사람들이 여기저기서 모였고, 모임 요일과 시간을 정하는 것부터 회칙을 만드는 것까지 의견조율이 안 돼서 삐걱거렸다. 각기 다른 목적지를 향해 노를 저으니 배가 산으로 갈 수밖에. 3개월 동안 운영자로서도 참여자로서도 힘든 시간을 보내고 아름다운 이별을 해야만 했다.

다양한 환경에 있는 사람들과 만나 시야를 넓힐 수 있는 것이 독서모임의 장점이지만 기본적으로 구성원들이 지향하는 바가 비슷해야 한다. 그래야만 모임이 오래간다. 지향이 비슷한 사람들이 모이려면 모임의 목적을 분명히 해야 한다.

인터넷 창에서 '독서모임'을 찾아보면 수많은 모임이 검색된다. 코로나 이후에는 온라인 모임이 압도적으로 늘어났다. 장르별로는 고전 읽기 모임, 문학책 모임, 벽돌책 모임이 꾸준하게 사람들의 관심을 끄는 인기 모임이다. 추리소설 모임과 전작 읽기 모임 등 마니아적인 성격의 모임을 찾는 사람들도 있다. 그 외 독서모임의 한 축으로 낭독모임과 필사모임도 늘어나는 추세이다.

독서모임이 많아지면 독서 인구도 조금이나마 늘어날 것이라 기대된다. 그런 의미에서 독서모임 선택의 폭이 넓어진 것은 반가운 일이다. 이럴 때 독서모임 운영자들은 내가 운영하는 모임이 다른 모임과 어떤 차별점을 가졌는지 살펴봐야 한다.

모임이 오래가기 위해 갖춰야 할 여러 가지 조건이 있다. 모임의 리더이자 운영자가 가진 역량과 인간적인 매력도 무시할 수 없는 조건에 포함된다. 사람을 끌어당기는 사람, 오래 만나고 싶은 사람, 계속 이야기를 나누고 싶은 사람이 되기 위해서는 지성과 품격을 갈고닦는 노력이 필요하다.

독서모임 운영자는 책을 누구보다 깊이 있게 읽을 각오를 해야 한다. 물론 대부분의 독서모임은 매 회 발제자가 있다. 운영자가 아니라면 발제를 맡을 때를 제외하고는 조금 느슨하게 책 읽기를 해도 괜찮다. 운영자는 달라야 한다. 이것은 태도의 문제이다. 책을 같이 읽자고 사람을 모았다면 책임감을 느껴야 한다. 발제자가 모임 진행을 하지만 독서모임 운영자는 비상시에 언제든 발제자의 역할을 해낼 수 있는 준비가 되어 있어야 한다.

어려운 논제가 주어졌을 때, 회원들이 말하기를 망설일 때는 운영자가 토론의 물꼬를 터야 한다. 발제자가 갈피를 못 잡고 헤매거나 도움을 청하는 눈길을 보낼 때도 운영자가 방향을 바로 잡아줄 수 있어야 한다. 나서야 할 때가 아니라면 말하기보다 들을 줄 아는 자세도 갖춰야 한다. 모임을 아우르면서 주어진 역할을 해내려면 운영자는 역량을 키워야 한다. 성실하고 겸손한 운영자가 이끄는 모임은 오래간다.

독서모임 운영자로서 각오를 다지고 모임의 목적도 명확하게 정했다면, 이제 모임을 시작해 보는 일만 남았다. 이후에 발생할 문제에 대해서는 미리 걱정할 필요가 없다. 어떤 일들이 생길지 짐작할 수 없으니 그때그때 상황에 맞춰 지혜롭게 해결해 나가면 된다. 걱정이 많으면 아무것도 시작할 수 없다.

새로운 일을 벌이는 것이 어려운 사람이라도 조금만 용기를 내면 훗날 '왜 진작 독서모임을 만들지 않았을까?'라고 후회 아닌 후회를 하게 되는 순간이 올 것이다. 10년 차 독서모임 운영자로서 감히 드릴 수 있는 말씀이다.

2

회원 모집 쉽게 하는 법

"요즘 사람들이 책을 읽을까?"

"책은 혼자 읽어도 되지 않아?"

"같이 할 사람은 있어?"

"굳이 책모임까지 하려는 사람이 있을까?"

독서모임을 꾸리겠다고 하자 지인들은 비슷한 반응을 보였다. 독서에 관심이 없는 사람들은 요즘 사람들이 책을 전혀 안 읽는다고 생각한다. 실제로 독서 인구가 줄어 출판계가 어렵다고 하지만 읽는 사람들은 꾸준하게 읽고 있다. 그들은 깊이 읽기에 대한 목마름이 있다. 출판시장이 위축되었어도 독서모임이 늘어나는 이유이다.

책을 제대로 읽기 원하는 사람들을 어디에서 찾을 수 있을까? 독서모임 운영자들이 부딪히는 첫 번째 난관은 회원모집이다. 과연 내가 꾸린 모임에 사람들이 올까? 도대체 어디에서, 어떻게 모집해야 할까?

가장 손쉬운 방법은 지인들을 섭외하는 것이다. 평소에 마음이 맞는다고 생각했던 사람들에게 독서모임의 취지와 목적을 알리고 함께하기를 권유해 보는 것이다. 수락하는 사람이 한 명이라도 있다면 일단 모임을 시작할 수 있지만 이 방법이 생각만큼 쉽지는 않다.

내 경우에는 지인 중에서 마땅한 사람을 찾기가 어려웠다. 책 읽기를 좋아하는 친구는 멀리서 살고 있거나 직장생활이 바빠서 만날 수가 없었다. 마음이 맞는 친구는 아이가 너무 어려서 책을 읽을 여유가 없었다. 지인들과 모임을 꾸리는 것은 불가능하다고 판단했다.

10년 전과 비교하면 지금은 독서모임을 하려는 사람들도 많아졌고, 회원을 모집할 수 있는 채널도 다양해졌다.

엄마 대상 독서모임이라면, 맘 카페

아이를 키우는 엄마라면 육아 정보를 얻기 위해 종종 이용하는 주요 포털사이트의 '지역 맘 카페'에 가입이 되어 있을 것이다. '맘 카페'는 엄마들을 대상으로 하는 독서모임에서 회원을 모집하기에 가장 적합한 곳이다. 나 역시도 그곳에서 첫 번째 독서모임 회원 다섯 명을 만났다.

다수가 가입하길 원한다면, 블로그

많은 사람이 가입하길 원한다면 블로그를 활용해 보자. 블로그는 텍스트를 길게 입력할 수 있다는 장점이 있다. 기획하고 있는 독서모임의 A부터 Z까지 상세하게 기술할 수 있고 인터넷 검색어로 노출되니 홍보 효과가 뛰어나다. 그동안 포스팅을 꾸준히 해왔다면 운영자가 어떤 사람인지 보여줄 수도 있다. 결이 맞는 사람들이 모일 가능성이 높다.

가입 조건을 강조하고 싶다면, 카카오톡 오픈채팅방

카카오톡 오픈채팅 페이지에서 '독서모임'을 검색하면 수없이 많은 모임이 검색된다. 독서모임을 찾는 사람들이 편리하게 접근할 수 있는 채널이다. 모임의 이름과 콘셉트를 비롯해서 함께하고 싶은 회원들의 연령, 성별, 지역 등을 한눈에 알아볼 수 있게 표시할 수 있다. 조건에 해당하는 사람들만 그룹 채팅에 참여한다는 장점이 있다.

모임의 신뢰성을 보여주는, 네이버 밴드

멤버 조건을 기재할 수 있고 모임을 찾고 있는 사람들이 검색해서 찾아오기 수월하다는 점은 카카오톡 오픈채팅방과 비슷하다. 다만 밴드는 최근 가입자 수, 최근 새 글 등 밴드의 활동 정보가 공개된다는 차이점이 있다. 이에 따라 모임의 신뢰성을 확보할 수 있다는 장점이 있다.

북스타그램을 운영 중이라면, 인스타그램

내 경험을 예로 들자면 올해 낭독 모임을 시작하면서 인스타그램에서 수월하게 회원을 모집했다. 책과 관련된 내용의 게시물을 주로 올리는 북스타그램을 운영 중이다 보니 책을 좋아하는 사람들과 연결되어 있다. 책에 관심이 많은 사람은 독서모임에 대한 호감도가 높아서 모집으로 이어지기 쉽다. 인스타그램에서 회원모집을 할 때는 카드뉴스를 활용하면 효과가 좋다. 해시태그를 이용해서 모집 요건을 구체화할 수 있는 것도 장점이다.

독서고수와 모임을 꾸리고 싶다면, 브런치

브런치 작가로 활동 중이라면 해당 채널을 적극 활용해 보자. 브런치는 작가를 꿈꾸는 사람들이 모이는 곳이다. 이용자들이 모두 책을 읽는 것을 넘어 쓰고자 하는 사람들이다. 이들은 깊이 읽기가 체화되어 있고 독서모임에 대한 관심이 높아 회원 모집이 잘 된다. 고전읽기 모임, 역사책 읽기 모임, 철학책 읽기 모임 등 특정 분야의 독서모임을 계획 중이라면 브런치에 모집 글을 써보기를 추천한다.

동네에서 모임을 만들고 싶다면, 작은 도서관

동네에서 독서모임을 꾸리고 싶다면 거주하는 곳과 가까운 작은 도서관을 방문해 보자. 독서가들은 도서관으로 모이게 되어 있다. 작은 도서관 실무 담당자에게 부탁해 독서모임 홍보지를 게시해도 되는지 양해를 구하면 대부분은 흔쾌히 도움을 준다. 몇 군데 작은 도서관에 홍보지를 붙인다거나 홈페이지가 있는 경우 게시 글을 올려서 회원을 모집할 수 있다.

의외로 모집 효과가 좋은, 동네 책방

몇 년 전부터 눈에 띄게 동네 책방이 많아졌다. 동네 책방은 책만 판매하는 곳이 아니라 저자강연회가 열린다거나 독서모임, 필사모임 등 책과 관련된 각종 모임 장소로 이용되기도 한다. 많은 사람에게 노출되지 않더라도 회원 모집 홍보지를 게시했을 때 의외로 모집 효과가 좋다. 책방을 운영하는 분들도 독서모임에 호의적이다. 모임을 책방에서 하겠다고 하면 책 판매 효과를 기대할 수 있기 때문에 적극적으로 도움을 줄 가능성이 높다.

아파트 거주자라면 온라인 입주민 카페를 이용할 수도 있다. 최근에는 모임 조직을 돕는 애플리케이션을 통해 새로운 모임을 만들어 회원을 모집하기도 한다. 마음만 먹으면 회원 모집은 다양한 채널을 통해 얼마든지 할 수 있다.

어디에서 모집할지 정하는 것만큼 중요한 것은 회원 모집 글을 쓰는 방법이다. 지원자들은 모집 글을 보고 모임의 성격을 유추할 수 있다. 모임의 목적과 지향이 드러나야 하는 것은 기본이다. 왜 이 모임을 만들게 되었는지, 누가 모임을 운영하는지, 어떤 책을 읽을 것인지, 어떤 사람들과 함께 읽게 될지, 함께 읽으면 좋은 점이 무엇인지도 전달해야 한다. 그렇다고 정보만 나열하면 모임에 대한 흥미를 유발하기 어렵다. 위트를 적절히 섞어서 매력적인 글을 작성해야 모집이 잘 된다.

맞춤법이나 띄어쓰기가 잘되어 있는지도 꼭 확인해야 한다. 사소하게 느껴지지만 중요한 체크포인트이다. 기본적인 맞춤법도 틀리는 운영자가 독서모임의 리더로서 자질이 있다고 보이지는 않는다. 모집 글 작성 시 가장 주의해야 할 점은 간결하게 쓰는 것이다. 요즘 사람들은 구구절절하게 쓴 글은 읽지 않는다. 책 읽기를 좋아한다는 독서모임 참여자들도 마찬가지다. 세 가지만 기억하자. 명료하게, 담백하게, 간결하게! 글쓰기까지 잘되었다면 회원 모집은 더 이상 걱정하지 않아도 된다.

3

모임 장소 찾는 것도 전략이 필요하다

회원 모집을 끝냈다면 모임 장소를 찾아야 한다. 독서모임에서 장소는 중요한 역할을 한다. 공간이 주는 힘을 무시하면 안 된다. 좋은 공간에서 모이는 날에는 대화가 술술 풀리고 몰입도 잘된다. 모임에 적합한 공간을 찾으려면 시간을 투자하고 공을 들여야 한다. 인터넷 검색을 통해 후보지를 꼼꼼하게 비교해 보고, 경우에 따라서는 직접 방문해서 실제 공간을 확인해야 할 때도 있다. 대여 비용, 공간의 크기, 채광, 주차장 유무, 대중교통 이용 가능 여부는 반드시 따져봐야 할 사항이다. 다음은 독서모임을 진행하기에 적합한 장소들이다. 참고해서 장소 선택 시 도움을 얻길 바란다.

회원 만족도가 높은, 파티 룸

파티 룸에서 독서모임을 한다니 의아할 수 있다. 6~10인 가량이 모인다면 파티 룸을 추천한다. 가장 큰 장점은 독립된 공간이라는 것이다. 생수, 정수기, 커피머신, 캡슐커피 등이 무료로 제공된다. 간식 반입이 가능하고 식기도 구비되어 있다. 냉난방시설도 잘 갖춰져 있고 트렌드에 맞게 내부 인테리어를 신경 써서 꾸민 장소라 회원들의 만족도가 높다. 장소에 따라 20인 이상 모일 수도 있으나 공간이 커질수록 대여료의 부담도 커진다.

우리 모임에서도 종종 파티 룸을 이용한다. 한번은 인터넷 검색을 통해 비용도 합리적이고 채광도 좋은 파티 룸을 찾게 됐다. 건물 바로 앞에 공영주차장도 있고 전철역과도 가까워서 길게 고민하지 않고 예약했다. 막상 이용해 보니 화장실이 외부에 있는 것이 문제가 됐다. 화장실 위치가 과연 중요할까 싶겠지만, 모임 분위기에 적지 않은 영향을 미친다.

그때 예약한 곳은 화장실에 가려면 밖으로 나가서 한 층하고도 반 층을 더 올라가야 했다. 모임을 하는 공간은 실내용 슬리퍼를 신고 이용하는 곳이었다. 화장실에 갈 때마다 신발을 신었다 벗어야 하는 불편함이 있었다. 화장실을 사용한 후에는 닫힌 도어락의 비밀번호를 누르고 다시 신발을 갈아 신고 내부로 들어와야 했다. 들락날락할 때마다 발생하는 신발 끄는 소리와 도어락 소음 등으로 분위기는 산만해지고 대화의 흐름은 뚝뚝 끊겼다. 사소한 것 같지만 파티 룸에서 화장실 이용의 편리성은 꼭 확인해야 할 사항이다.

동네 독서모임에는, 공공 도서관 동아리방

거주지가 비슷한 회원들과 모임 할 때, 정기적인 모임을 1년 이상 지속할 때 이용하기 좋다. 공공도서관에 동아리 등록을 하면 동아리방을 이용할 수 있다. 독립된 회의실 형태로 책상과 의자가 구비되어 있다. 일 년 단위로 신청할 수 있고 정해진 요일과 시간에만 이용할 수 있다. 공간 이용료가 없는 것이 가장 큰 장점이고, 대신 음료나 간식은 구비되어 있지 않다. 회비를 걷어서 구매하거나 개인적으로 준비해야 한다. 기존에 등록된 동아리가 우선이라 도서관에 따라 자리 확보가 어려울 수 있다. 회원이 10인 미만일 때 이용하기 적합하다.

소규모 모임에는, 작은 도서관 회의실

작은 도서관에는 회의실, 강의실, 세미나실, 미팅 룸 등 명칭은 다를 수 있으나 비슷한 형태로 운영되는 공간이 있다. 공공도서관과 달리 월 단위로 신청하거나 필요할 때마다 신청해서 이용할 수 있다. 이용료가 있는 경우가 있으니 사전에 확인해야 한다. 6인 정도의 소규모 모임에 좋다. 작은 도서관은 열람실과 회의실이 거의 붙어 있어서 큰 소리로 웃거나 떠들면 도서관 이용자들에게 피해를 줄 수 있으니 주의해야 한다.

선택의 폭이 넓은, 카페

카페는 가장 접근하기 쉬운 모임 장소이다. 요즘은 다인실을 갖춘 카페를 쉽게 찾을 수 있다. 대부분 대관료가 없고 음료도 다양하게 즐길 수 있어서 만족스러운 모임을 할 수 있다. 1인 1메뉴 주문, 이용 시간제한, 베이커리 주문 필수 등 다인실 이용 조건이 있을 수 있다. 다인실이 없더라도 손님이 많지 않아 이야기를 나누기 적당한 카페들이 있다. 단, 지나치게 조용한 곳은 대화를 나눌 때 눈치가 보이는 상황이 생긴다. 적당한 소음이 있는 곳으로 알아보도록 하자.

책모임과 어울리는, 동네 책방

동네 책방은 독서모임을 환영한다. 책방만큼 독서모임과 어울리는 장소가 있을까? 독서모임을 하면 회원들이 서가를 둘러보다가 책을 구매하기도 하고, 자연스럽게 책방을 알릴 수도 있다. 책방 운영자 입장에서는 모임을 마다할 이유가 없다. 단, 전체대관이 아니라면 책방 손님들과 공간을 함께 사용해야 하는 불편함이 있다. 공간을 공유하는 것이 크게 방해되지 않는다면 충분히 매력적인 장소이다.

가성비 최고, 공유오피스

합리적인 금액에 독립된 공간을 찾는다면 공유오피스를 알아보자. 소회의실부터 대형세미나실까지 공간의 크기를 다양하게 갖추고 있어서

모임의 사정에 맞게 선택할 수 있다. 파티 룸과 비교하면 공간 이용료가 상대적으로 저렴하다는 장점이 있다. 복사, 인쇄 등이 가능하고 화이트보드, 빔프로젝터 등이 잘 구비되어 있다. 아기자기한 감성 인테리어를 기대한다면 다소 실망스러울 수 있지만 깔끔하고 청결하다.

나들이 떠나듯이, 야외 모임

날씨가 좋을 때는 공원이나 숲, 강변 등 야외에서 모임을 해보는 것을 추천한다. 『빌 브라이슨 발칙한 유럽산책』을 읽고 야외에서 모임을 한 적이 있다. 가을날 숲속 나무 밑에 돗자리를 깔고 도란도란 책 이야기를 나누던 풍경이 아직도 기억에 남을 만큼 좋은 추억이 됐다. 그날 모임 책과 더없이 잘 어울리는 장소였다. 그 뒤로 종종 봄, 가을에 야외 모임을 했는데 참여자들의 만족도가 상당히 높았다. 나들이를 떠나는 기분으로 야외모임을 해보자. 참여자들과 더욱 친밀해진다.

조건에 맞는 모임 장소를 정했다면 서둘러 예약해야 한다. 내 마음에 드는 장소는 다른 사람들이 보기에도 좋아 보이는 법이다. 머뭇거리다가는 다른 팀에게 예약을 뺏기기 쉽다. 특히 인기 있는 파티 룸은 최소 한 달 전에는 예약해야 한다.

공공도서관 동아리방은 1년에 한 번만 신청이 가능하다. 신청 마감 기한을 잘 체크해 두었다가 기간 내에 신청서를 제출해야 한다. 그 밖의 장소들도 최소한 2주 전에는 예약하는 것을 추천한다. 좋은 장소들은 찾을 때마다 틈틈이 목록으로 만들어 두자. 모임 일정이 갑자기 변경된다거나 장소를 바꿔야 할 때 유용하게 쓰인다.

마음에 드는 장소를 찾았다면 같은 장소에서 계속 모임을 할 수 있도록 몇 달 치를 예약해 두는 것도 좋은 방법이다. 매번 장소를 섭외하고 예약하는 것이 운영자 입장에서는 은근히 부담스럽다. 참여자들끼리 돌아가면서 예약 업무를 맡아 부담을 나누는 것이 바람직하다.

4

모임 진행은 처음인 분들에게

타고난 입담꾼이 아니라면 처음 만나는 사람과 어색하지 않게 대화를 이어가는 것이 쉬운 일은 아니다. 서먹서먹한 분위기에서 누가 무슨 말이라도 해주길 바라며 서로 눈치만 봤던 경험이 있지 않은가. 어색하고 무거운 침묵을 못 견디고 안 해도 될 헛소리를 하거나 나답지 않게 오버했던 경험도 있을 것이다. 그런 날은 집에 돌아와 몰려드는 민망함에 이불을 걷어차게 된다.

사람들에게 독서모임을 운영 중이라고 하면 이런 걱정과는 거리가 먼 사람이라고 생각한다. 외향적이고 사교적인 성향일 것이라고 짐작하지만 그렇지 않은 경우도 많다. 모임의 리더가 되면 나름의 준비를 하면서 대응 방안을 만들 뿐이다. 어색한 상황에서 어떻게 대화를 끌어나가야 할지, 진행은 어떻게 해야 할지 머릿속으로 시나리오를 쓰면서 연습하기도 한다. 외향적인 사람만 독서모임 운영자가 될 수 있는 것은 아니다. 다른 말로 바꾸어 표현하면 내향적인 사람이라도 모임에 대한 애정과 의지만 있다면 얼마든지 모임 진행을 할 수 있으니 크게 걱정하지 않아도 된다는 이야기이다. 처음 한두 번은 어려움이 있겠지만 만남의 횟수가 늘어나면 운영자가 나서지 않아도 물 흐르듯이 자연스럽게 대화가 이어진다.

첫 만남의 어색함을 녹이는 특효약은 '부드러운 미소', '가벼운 관심', '리액션'이다. 모르는 사람들과의 첫 만남에서는 누구나 약간의 긴장감을 느끼게 마련이다. 그럴 때 따뜻하고 밝은 미소를 보면 마음이 풀어진다. 환한 표정과 함께 건네는 인사만으로도 무거운 공기를 바꿀 수 있다.

인사를 나눈 후에는 가벼운 질문으로 관심을 드러낸다. "요즘 〈더 글로리〉라는 드라마가 인기 있던데 혹시 보셨어요?" "폭염주의보가 내려서 오시는 길을 걱정했어요. 더워서 힘들지는 않으셨어요?" "이 근처에 칼국수 맛집이 있더라고요, 칼국수 좋아하세요?" 이 정도 질문이면 부담스럽지 않게 대화를 시작할 수 있다. 날씨, 드라마, 음식 등 상대방이 오래 생각하지 않아도 대답할 수 있는 질문을 몇 개 준비하자. 질문은 관심의 표현이다.

대화는 가볍더라도 태도는 진실해야 한다. 주의 깊게 듣고 있다는 것을 상대방이 느낄 수 있어야 한다. 질문을 던져놓고 건성으로 듣거나 핸드폰만 만지작거리면 안 된다. 적절한 리액션을 취하고 진심을 담은 태도로 대화해야 한다.

모임 시간은 두 시간이면 적당하다. 음료를 주문한다거나 인사를 나누는 시간이 포함되기 때문에 두 시간 미만은 짧다. 두 시간이 넘어가면 지루해지거나 지치기 쉽다. 두 시간을 기준으로 하고 그날의 분위기와 참여 인원에 따라 앞뒤로 10분 정도 짧아지거나 길어질 수 있다. 모임 진행 순서는 운영자가 정하기 나름인데 보통은 다음과 같은 순서로 진행된다.

모임 시작 전, 긴장 풀기

지난 모임 이후 회원들의 근황을 전하고 안부를 묻는 시간이다. 특별한 이슈가 없다면 짧게 끝나지만 간혹 안 본 사이에 신변의 변화가 있었다면 이야기가 길어지는 경우도 있다. 이 시간을 통해서 모임의 분위기가 편안하게 풀어지므로 격렬한 토론을 나누기 전에 근황을 나누는 시간은 필요하다. 다만 지나치게 길어진다 싶을 때는 운영자가 요령껏 끊어줘야 한다. 앞서 말한 대로 모임 시간은 보통 두 시간 내외로 정해져 있다. 토론 시간을 충분히 가지기 위해서는 시간 배분을 잘해야 한다. 두 시간 모임을 기준으로 '근황 나누기'는 15분 안에 끝내도록 한다.

논제를 중심으로, 본격적으로 토론하기

토론은 발제자가 준비해 온 논제를 중심으로 이뤄진다. 저자 소개 또는 책의 배경에 대한 정리를 하는 것까지 이 시간에 포함된다. 논제를 뽑고 발제지를 만들고 토론을 진행하는 것은 발제자가 맡는다. 운영자는 참여자로서 모임을 즐기면 된다. 다만 첫 모임은 정해진 발제자가 없으므로 운영자가 발제자가 된다.

물론 모든 독서모임이 이와 같은 방식으로 진행하는 것은 아니다. 모임마다 진행 방식은 다를 수 있다. 논제를 뽑고 발제지를 만드는 것까지만 발제자가 맡고, 토론 진행은 운영자가 하기도 한다. 또는 운영자가 발제를 포함해서 모임 전체를 이끄는 곳도 있다. 누가 토론을 진행하든 참여자들이 발언의 기회를 동등하게 얻는 것이 원칙이다.

토론하는 시간이 1시간 30분은 확보되어야 한다. 그 정도 시간은 주어져야 돌아가면서 서운하지 않게 이야기를 나눌 수 있다. 진행자는 한 사람이 길게 이야기하는 것을 가장 경계해야 한다.

토론이 끝나면, 다음 일정 공지하기

토론하기 이후에는 다음 모임 날짜와 시간, 장소 등에 대해 안내한다. 가장 중요한 다음 모임 발제자와 읽어 올 책에 대한 공지도 함께한다. 미리 정해진 사항이지만 회원들은 쉽게 잊는다. 매번 공지하지 않으면 모임에 차질이 생길 수도 있다. 먼저 구두로 공지하고 단체 대화방이나 밴드가 있다면 그곳에도 공지를 띄워야 한다.

이 시간에 회원들이 다음 모임 불참을 미리 알리기도 하고, 발제자 순서를 바꿔 달라고 하거나 책의 순서를 바꿔 달라고 요청하기도 한다. 한 번 정해진 발제 순서나 책은 바꾸지 않는 것이 원칙이지만 지나치게 원칙만 내세우면 회원들이 부담을 느끼게 된다. 기준은 가지고 있되 상황에 맞춰 유연하게 대처하는 것도 좋은 운영자가 갖춰야 할 자세이다.

소감 나누고 가치 부여하며, 모임 마무리하기

다음 모임에 대한 공지까지 끝났으면 이제 모임을 마무리하면 된다. 간단하게 오늘 모임의 소감을 이야기하고 모임 후에 해야 할 일을 정해 보는 것이 좋다. 우리 독서모임에서는 『논어』를 읽은 후에 책에서 느낀 바를 토대로 각자 행동강령을 하나씩 만들었다. '신발 바르게 벗기', '눈 뜨면 이부자리 정리하기', '등교하는 아이에게 화내지 않기' 등 사소하지만 실천할 수 있는 것들이었다. 모임의 마무리 단계에서 이런 활동을 하면 읽는 것에 그치지 않고 삶으로 연결되는 뿌듯함을 느낄 수 있고, 모임이 더욱 가치 있게 여겨진다.

지인이 참여하고 있는 독서모임은 언제부턴가 책 이야기보다 결혼생활의 고충을 털어놓거나 각종 사교육 정보를 교환하는 모임으로 변해 버렸다고 한다. 이제는 모임에 나가야 할지, 말아야 할지 고민할 정도라고 하니 참 안타까운 일이다.

모임을 진행할 때 운영자가 잊지 말아야 할 것은 독서모임의 본질이다. '책을 읽고, 읽은 책에 대한 생각을 나누기 위해 모였다'는 사실을 염두에 두고 모임을 진행하면 삼천포로 빠졌다가도 쉽게 중심을 잡을 수 있다.

5

첫 모임, 독서토론 해? 말아?

첫 모임 날이 다가오면 운영자는 이런저런 걱정을 하게 된다. 첫날부터 독서토론을 해야 할지, 자기소개와 모임 안내 정도로 끝내야 할지도 정해야 한다. 재미있는 모임이라는 인상을 심어주고 싶은데 '첫 모임부터 토론을 시작하면 싫어하지는 않을까?', '토론하지 않으면 무슨 이야기로 모임 시간을 채워야 할까?' 생각이 많아진다.

물론 각각의 장단점이 있으니, 정답은 없다. 확실한 건 독서모임에 온 사람들은 책이 좋아서 모인 사람들이라는 것이다. 첫날부터 독서토론을 하지 않아도 상관없다. 다만 사담을 나누더라도 책에 관한 이야기로 채웠을 때 모임의 분위기가 훨씬 좋다.

독서토론을 한다면 그날은 운영자가 발제자가 되어 모임 진행을 맡아야 한다. 책 이야기가 아닌 이야기를 나누는 것은 시간이 아깝다고 생각하는 회원이 많다면, 첫날부터 바로 토론하는 것이 좋다.

첫날부터 토론을 진행할 때는 책 선정에 주의를 기울여야 한다. 두께와 내용이 적당해서 시작부터 겁먹지 않을 만한 책을 고르도록 하자. 무거운 주제는 피하는 게 좋다. 첫 모임의 분위기가 가라앉아 버린다. 지나치게 가벼운 내용의 책도 추천하지 않는다. 이야깃거리가 충분하지 않아 했던 말만 반복하는 공허한 모임이 될 확률이 높다. 모임의 첫인상은 중요하다. 첫날이 만족스럽지 않으면 다음 모임에 대한 기대감도 떨어진다. 첫 모임에서 읽고 토론할 때 실패가 없었던 책들을 소개한다.

『꽃들에게 희망을』

출간된 지 50년이 넘었지만 지금까지도 전 세계적인 사랑을 받는 스테디셀러이다. 두 마리 애벌레가 진정한 자아를 찾아 떠나는 여정을 담았다. 160쪽 분량이라 참여자들이 부담 없이 완독할 수 있고, 두께는 얇지만 묵직한 울림을 준다. 희망을 노래하고 용기를 주는 내용이라 첫 모임 책으로 잘 어울린다.

『어린 왕자』

이름값을 제대로 하는 책이다. 독서모임 회원 중에는 이 책을 인생책으로 꼽는 사람들이 많다. 인생책까지는 아니더라도 『어린 왕자』를 싫어한다는 사람은 아직 본 적이 없다. 삶에서 중요한 것이 무엇인지 되짚어

보게 하는 내용을 다루고 있어 참여자들의 가치관이 잘 드러나는 책이다. 출판사마다 다른 번역과 삽화를 비교해 읽다 보면 자연스럽게 어색함을 풀 수 있다는 장점이 있다.

『나는 말하듯이 쓴다』

'글쓰기'는 책을 좋아하는 사람들의 영원한 화두라고 해도 과언이 아니다. 이 책은 대통령의 연설문을 써온 저자 강원국이 어떻게 말하고 써야 할지 몰라 애태우는 독자들에게 '말 잘하고 글 잘 쓰는 법'을 알려주기 위해 쓴 책이다. 누구나 관심이 있는 내용이라 가볍게 접근할 수 있다. 대화를 나누다 보면 한없이 깊어질 수도 있는 주제라 첫 모임 책으로 반응이 좋다. 쉽게 읽히면서도 말과 글에 대해 나눌 이야깃거리가 풍부하고 간결하게 쓰여 가독성이 뛰어나다.

『완득이』

제1회 창비 청소년 문학상 수상작으로, 읽기 쉬운 책이다. 독서모임을 하다 보면 발제자도 참여자도 흥이 나서 토론에 열을 올리는 책이 있는데 『완득이』도 그런 책이다.

가난하고 공부도 못하는 열일곱 소년 완득이가 성장해 가는 과정을 흥미로운 에피소드로 엮어 속도감 있게 그려낸 작품이다. 영화를 보는 것처럼 기승전결이 확실해 소설을 싫어하는 참여자들도 이 책을 읽은 후에는 재미있었다고 엄지를 치켜든다. 첫 모임에서 '재미'가 빠지면 안 된다. 책이든 함께한 사람이든 나누었던 대화든 첫 모임이 재미있다고 느껴야 다음 모임도 참석하게 된다.

앞서 이야기했듯이 첫 모임에서 독서토론을 하지 않아도 된다. 토론에 앞서 서로 얼굴을 익히고 인사를 나누고 자기소개를 하는 시간을 갖거나 질문이 적힌 쪽지 등을 이용해 간단한 게임을 할 수도 있다. 잊지 말아야 할 것은 질문을 하더라도 책과 연결이 되어 있어야 한다는 점이다.

결혼은 했는지, 자녀가 있는지, 몇 학번인지와 같은 사적인 질문은 가급적 삼가야 한다. 당혹감을 느끼거나 불쾌해하는 사람도 있다. 신상을 공개하고 싶은 사람은 묻지 않아도 스스로 밝히게 되어 있다. 자기소개를 할 때 신상에 대해 언급하지 않는다면 밝히는 것을 부담스러워하는 것으로 생각하면 된다.

참여자 중에 이런 경우도 있었다. 그날은 첫 모임에서 개인 정보를 어느 정도 공개하는 분위기였다. 알고 보니 모두 기혼자였고 자녀가 있었다. 결정적으로 참여자들의 연령대가 2~3년 차이로 비슷했다. 공통점이 있다 보니 급격히 친해지는 상황이 되어 버렸다.

한 분이 본인의 학창 시절 이야기를 꺼냈다. 따돌림을 당해서 마음고생이 심했고 아직도 인간관계에서 트라우마를 겪고 있다고 이야기하면서 눈물을 보였다. 다들 그분 이야기를 잘 들어주었고 안타까운 마음에

위로도 해주었다. 모임은 훈훈하게 마무리됐다.

여기서 반전이 있다. 눈물을 보였던 분이 다음 모임부터 나오지 않았다. 분위기에 휩쓸려 수위 조절을 못 하고 지나치게 사적인 이야기를 한 것이 민망하고 후회스러웠던 것이다. 그날 이후로 첫 모임에서 개인정보는 가급적 묻지 않는다. 그때의 경험을 바탕으로 첫날부터 지나치게 많은 이야기를 쏟아내려는 분이 있을 때는 자연스럽게 화제를 돌린다. 그 분이 다음 모임에도 편안한 마음으로 모임에 참석할 수 있으려면 운영자가 센스를 발휘해야 한다.

독서모임에서는 결혼 여부나 나이가 아니라 책을 통해 공감대를 형성해야 한다. 앞으로 모임에서 어떤 책을 읽고 싶은지, 왜 독서모임에 오게 되었는지, 독서모임 경험이 있는지, 요즘 읽고 있는 책은 무엇인지, 좋아하는 작가는 누구인지와 같은 이야기를 나누다 보면 독서가들만의 공통점을 발견하게 된다. 대화를 통해 자연스럽게 친밀감이 형성된다.

서서히 신뢰가 쌓이면 책과 삶을 넘나드는 의미 있는 이야기가 오가는 모임이 된다. 신뢰는 첫날부터 쌓이지 않는다. 천천히 알아가는 분위기를 만들면 된다. 궁금한 것이 있더라도 첫날에는 참여자들이 부담을 느끼지 않도록 배려하는 것이 우선임을 염두에 두자.

향후 모임 운영 방식을 정하는 것도 첫 모임에서 해야 할 일이다. 발제 순서, 읽을 책, 지각이나 불참에 대한 규칙을 정하면 좋다. 모임을 하다 보면 보완해야 할 사항이 계속 발생한다. 처음부터 완벽할 수는 없다. 우선 큰 틀만 갖춰놓도록 하자. 참여자뿐 아니라 운영자도 즐거운 모임이 되려면 조급함을 버리고 여유를 가져야 한다.

6

독서모임 성공의 열쇠는 책 선정이다

독서모임에 오는 사람들은 책을 좋아하거나 책을 좋아해 보려는 마음으로 모인 사람들이다. 독서 경험이 풍부한 사람도 있고 그렇지 않은 사람도 있다. 두 그룹의 독서력에 간극이 커서 한쪽에 기준을 두고 모임 책을 선정하면 이탈자가 생기기도 한다. 독서 고수와 독서 입문자 사이에 균형을 맞춰 책을 고르기란 쉽지 않다. 책이 본인의 수준과 취향에 맞지 않아서 모임을 옮기거나 다시 혼자 읽기로 돌아가는 사람들도 있다.

나는 책 선정에 앞서 회원들에게 어떤 책이 선정되든 겸허히 받아들이고 성실하게 책 읽기를 당부한다. 취향을 넘어서는 보석 같은 책을 발견하는 기쁨을 느끼고 싶다면 책의 수준에 대해 논하는 것은 잠시 접어두어야 한다. 어떤 책이든 열린 마음으로 일단 읽어보기를 권하는 것도 운영자가 해야 할 일이다.

독서모임을 처음 꾸리는 운영자는 책에 대해 잘 알아야 한다거나 모임 책은 이미 다 알고 있어야 한다는 부담감을 가지기 마련이다. 본인이 처음 접하는 책이 선정되면 '내가 잘 모르는 책으로 모임을 이끌 수 있을까.'라는 생각을 한다. 운영자 또한 모임의 회원이라는 것을 잊지 말자. 선정되는 책을 전부 읽어 봤을 리가 없고 그럴 필요도 없다. 같이 읽어가면서 배우고 나누면 된다. 책에 대해 잘 모른다고 불안해하거나 고민하지 않아도 괜찮다.

독서모임은 지정 도서를 함께 읽고 이야기를 나누는 것이 일반적인데 지정 도서를 선정하는 방법은 다양하다. 운영자가 혼자 고르고 발제까지 맡는 모임도 있고, 회원들이 같이 고르고 운영자가 발제하는 모임도 있다. 회원 개개인이 읽고 싶은 책을 돌아가면서 정하기도 한다. 이 경우에는 추천인이 발제자가 된다. 본인이 추천한 책으로 모이는 날에 발제자가 되는 것이다.

고전이나 세계문학이 지정 도서로 선정됐을 때는 출판사 혹은 역자까지 지정할지, 자유롭게 선택해서 다양한 판본으로 읽을지도 정해야 한다. 번역에 따라 전혀 다른 느낌으로 해석되기도 해서 역자가 누구인지는 중요하다. 그러나 우리 모임에서는 출판사까지 지정하지는 않는다. 책의 디자인, 편집, 번역을 출판사별로 다양하게 경험하는 것도 독서모임에서 느낄 수 있는 소소한 재미 중 하나이다. 그런 즐거움을 느끼기 위해 각자 마음에 드는 책으로 자유롭게 선택해서 읽고 나눈다.

지정 도서 없이 각기 다른 책을 읽고 와서 이야기를 나누는 자유독서모임도 있다. 회원 모두가 각자 읽은 책에 대해 소개하고 인상적인 구절을 낭독하며 본인의 감상을 공유한다. 책 소개를 듣고 흥미가 느껴지는 책은 따로 찾아서 읽거나 구매한다. 자유독서모임은 짧은 시간 동안 여러 장르의 책을 접할 수 있고, 이미 검증된 좋은 읽을거리가 끊임없이 생긴다는 장점이 있다. 반면 깊이 있는 토론을 기대하기 어렵고 공감대가 없어서 이야기가 길게 이어지지 않는 단점도 있다.

지정독서모임과 자유독서모임을 모두 시도해 보고 최종적으로 우리 모임에 맞는 방법을 확정하는 것도 나쁘지 않다.

책 선정을 혼자 하는 것은 부담스러운 일이다. 이 책으로 발제가 가능한지도 살펴야 하고, 이야깃거리가 떨어지지 않을 만한 책인지도 확인해야 한다. 선정한 책에 대한 회원들의 반응도 신경이 쓰인다. 회원들의 기대치를 충족시켜야 한다는 압박감도 있다.

따라서 책 선정에 있어서 부담을 나누는 것이 좋다. 한 사람의 책임이 커지면 모임을 오래 할 수 없다. 어떤 일이든 꾸준하게 오래 하려면 즐거워야 한다. 운영자도 모임의 일원으로서 즐겁게 책 이야기를 나눌 수 있어야 한다. 운영자가 지치면 모임이 오래갈 수 없다. 한 사람이 책을 선정하기보다는 회원들과 함께 나누는 것을 추천한다. 직접 책을 고르는 경험을 통해 회원들도 운영자의 고충을 이해할 수 있다.

단, 단기 모임은 운영자 혼자 책을 선정한다. 단기 모임은 보통 4회 정도로 진행하는데 어떤 책을 읽을 것인지 미리 공지하고 회원 모집을 한다. 정해진 책의 목록을 확인하고 참여를 결정한 사람들이라 책 선정에 불만이 없고, 책도 성실하게 읽어온다. 모임 기간이 짧고 횟수가 적어서 운영자가 책 선정과 발제, 진행까지 맡더라도 크게 부담스럽지 않다.

실패 없는 책 선정을 위해서는 몇 가지 기준을 세우고 그에 맞는 책을 고르는 것이 좋다. 모임에 생기를 만드는 것은 재미이다. '재미'가 없으면 모임이 시들해진다. 기다려지는 모임이 되려면 재미있는 책을 만나야 한다. 선정된 책이 재미있으면 토론도 모임도 당연히 즐겁다.

다만 재미의 기준이 모두 다르므로 회원 모집을 할 때 좋아하는 작가, 선호하는 장르, 관심 주제 등에 대해 간단한 설문을 하고 취향을 파악할 필요가 있다. 오리엔테이션이라고 할 수 있는 첫 모임에서 해당 내용을 공유하고 참고해서 책을 선정하면 만족도가 올라간다.

다음으로는 회원들이 읽기에 너무 어렵거나 쉽지 않은 책을 골라야 하는데 누군가에게는 어려운 책이 누군가에게는 쉽게 느껴진다는 것이 문제이다. 난이도를 파악하기가 애매할 때는 문체와 분량을 확인한다.

두꺼운 책이 어려운 책은 아니다. 얇다고 쉬운 책도 아니다. 하지만 굳이 심리적으로 부담감을 느낄 만한 두께의 책을 고르지는 않는다. 읽기도 전에 분량의 압박으로 독서 의지를 잃게 할 뿐 아니라 기간 안에 완독하지 못할 가능성이 높다.

번역을 어렵게 한 책도 가급적 피하는 것이 좋다. 관념어를 많이 사용하거나 문체가 어색하면 독서 흐름이 끊긴다. 이런 책은 쉬운 내용도 어렵다고 느끼게 만든다. 쉬었다가 읽을 때 앞에 읽었던 내용을 다시 확인하지 않아도 매끄럽게 연결해서 읽을 수 있는 책을 고른다.

사회적인 이슈를 다루거나 주제가 명확한 책은 대부분 생각거리가 풍부하다. 그런 책을 고르면 토론이 활발해진다. 책 선정을 잘해야 하는 이유도, 발제가 중요한 이유도 막힘없는 토론을 위해서이다. 토론을 통해 다양한 의견을 듣고 배우고 그로 인해 성장할 수 있다.

문학작품은 등장인물의 성격이 선명하지 않거나 열려 있는 결말이면 나눌 이야기가 풍부해진다. 논란의 여지가 많은 작품일수록 토론하기 좋다. 비문학은 작가의 입장이나 신념이 확고할 때 다양한 생각을 끌어낼 수 있다. 그 밖에도 발제자가 아님에도 불구하고 읽는 동안 나눌 거리가 계속 떠오르는 책들이 있다. 독서모임에 적합한 책들이다.

운영자는 분야별 베스트셀러, 스테디셀러, 도서관의 대출 순위, 최근 쟁점이 되는 책, 새로 나온 책 등에도 관심을 두고 책을 선정할 때 참고해야 한다. 처음에는 참여자들이 두루 만족할 만한 책을 고르기가 쉽지 않다. 모임을 지속하다 보면 어떤 책을 골랐을 때 반응이 좋았는지 데이터가 축적된다. 자연스럽게 책을 보는 눈이 생기고 책 선정에 대한 기준도 명확해진다.

7

독서모임의 꽃은 발제?

"독서모임이 당신을 성장시켰나요?" 독서모임 회원들에게 물었다. 모두 한 치의 망설임도 없이 "YES."라고 답했다. 독서모임의 어떤 점이 사람들을 성장하게 하는 것일까? 독서모임 중독자들이 계속 생겨나는 이유는 무엇 때문일까?

독서모임 중독자 중 한 사람으로서 이 질문에 대해 답하라고 한다면 고민할 것도 없이 '발제'라고 하겠다. 발제를 하면 깊어지고 성장하고 중독된다. 독서모임을 해 본 적이 있는 사람이라면 발제의 중요성에 대해서는 아무리 강조해도 지나치지 않다는 데 이견이 없을 것이다. 발제는 독서모임의 꽃이다.

발제는 '토론회나 연구회 따위에서 어떤 주제를 맡아 조사하고 발표하는 것'이다. 독서모임에서 발제란, 책의 내용에서 논제를 뽑아 문제를 제기하고 필요에 따라 배경지식을 활용해 자료를 정리하고 발표하는 것을 말한다. 일반적으로 독서모임에는 발제자가 있고 참여자가 모두 돌아가면서 발제를 맡는다.

모임을 처음 시작하는 사람들에게 발제를 해야 한다고 하면 난색을 보인다. “발제가 뭔데요?”, “발제를 할 만한 내공이 쌓이지 않았어요.”, “발제를 반드시 해야 하나요?”라고 묻는다.

“발제는 필수사항이 아닙니다.”라는 대답을 기다리는 그들에게는 미안하지만 “발제는 꼭 하셔야 합니다.”라고 말할 수밖에 없다. 독서모임 운영자로서 타협할 수 없는 지점이 발제이다. 발제를 통해 참여자들이 얼마나 성장할지 보이기 때문이다.

성장이 없는 독서모임은 수명이 짧다. 친목도, 대화도 중요하지만 독서모임으로 사람들이 모이는 궁극적인 이유는 ‘성장’이다. 처음에 모임에 올 때는 그저 책 이야기를 나누는 것만으로 충분히 만족하던 사람들도 시간이 지나면 그 이상의 것을 원하게 된다.

발제를 하면 책을 깊이 있게 읽게 된다. 깊이 있는 책 읽기와 성장은 떼려야 뗄 수 없다. 책의 내용이 완벽하게 이해가 되지 않으면 논제를 뽑아낼 수도, 발제 자료를 만들 수도 없다. 내 경우에는 발제를 맡은 책을 읽을 때는 시험공부를 하듯이 정독한다. 한 글자도 놓치지 않겠다는 마음으로 밑줄을 그어가며 읽는다. 읽다가 인상적인 부분은 따로 표시를 해

두고 떠오르는 생각들은 메모하면서 읽는다.

발제는 확장된 독서를 하게 한다. 이해가 안 되거나 배경지식이 필요한 내용이 있으면 가급적 그때그때 정보를 검색하고 관련 지식을 습득하려고 한다. 작가가 중요한 작품은 같은 작가의 다른 작품을 읽으면서 발제를 맡은 책과 비교한다. 해당 작품을 원작으로 하는 영화나 드라마가 있다면 찾아서 관람하기도 한다.

참여자 전체가 돌아가면서 발제하는 것을 추천하지만 이것이 정답은 아니다. 어떤 모임은 운영자만 발제한다. 이런 형식은 참여자들이 독서모임에 쉽게 진입할 수 있다는 장점이 있다. 발제에 대한 부담 없이 모임에 참여할 수 있지만 참여자들의 성장 속도는 더딜 수밖에 없다. 직접 수영을 해 본 사람과 수영하는 모습을 관찰하기만 한 사람의 수영 실력이 같을 수는 없다.

훌륭한 논제를 뽑는 역량을 갖춘 운영자라면 발제를 전담해서 하는 것도 나쁘지 않다. 대신 운영자의 책임이 막중해진다. 운영자가 빠지면 그날 모임은 취소된다. 어떤 방식으로 모임을 끌어갈지 중심을 잡고 선택하기 나름이다. 다만 운영자가 발제의 의미를 제대로 알고 참여자들에게도 발제의 중요성에 대해 강조할 필요가 있다.

발제자가 정해졌다면 이제 발제를 해야 한다. 어떻게 해야 할까? 정해진 형식은 없다. 회원들에게 "각자 원하는 대로 발제하면 됩니다."라고 말하면 대부분 난감해한다. 따라야 할 형식이 없으니 더 어렵다고 한다. 십분 이해한다.

요리에 비유해 보자면, 요리를 못하는 나는 '갖은양념으로' '적당히'라고 하면 그렇게 난감할 수가 없다. 갖은양념은 무엇이고 적당히는 얼마큼일까? 아마 처음 발제를 하는 사람에게 알아서 해보라고 하면 같은 느낌이 아닐지 싶다. 갖은양념에 꼭 들어가야 하는 재료와 빠져도 그만인 재료가 있듯이 발제에도 꼭 들어가야 하는 내용은 있다.

절대로 빠지면 안 되는 것은 토론할 주제, 즉 논제이다. 발제는 곧 논제를 뽑는 것으로 생각해도 된다. '이 책을 읽고 우리가 함께 생각해 보아야 할 것은 무엇인가.' '왜 이 책을 읽었는가.' 읽은 책의 의미를 발견하는 일이다. 논제가 훌륭하다면 모임은 술술 풀린다. 집에 돌아갔을 때 모두가 만족하는 모임이 되는 것은 논제의 질이다.

어떻게 하면 더 좋은 논제를 만들 수 있을까? 논제에 대해 고민하다 보면 뇌에 촘촘하고 쪼글쪼글한 주름이 생기는 기분이다. 발제문까지 작성하고 나면 뿌듯함이 차오른다. 혼자 읽을 때는 하지 않아도 되는 수고를 해야 하지만 발제하는 재미를 알게 되면 이런 수고로움이 반갑다. 발제를 통해 배움과 성취의 희열을 느낄 수 있다. 모든 참여자가 오랫동안 충실하게 발제자의 역할을 해 온 독서모임은 논제와 토론의 수준이 학회 세미나 못지않다.

처음 논제를 뽑을 때는 많으면 많을수록 좋다. 나눌 거리가 생각날 때마다 써 둔다. 실제 모임에서는 많은 논제를 다 다루진 않지만, 부족한 것보다는 많은 것이 낫다. 논제를 열 개 뽑았다면 중요도에 따라 번호를 매긴다. 우선순위를 정해 1번부터 10번까지 나눈다. 모임 당일 열 가지 이야기를 전부 나눌 수도 있고, 셋 혹은 다섯 가지 이야기만 나눌 수도 있다. 모임을 하다 보면 정해진 시간을 넘길 때도 있고, 시간이 생각보다 많이 남을 때도 있다. 그날의 분위기와 흐름에 맞춰 논제의 분량을 알맞게 조절하면 된다. 이렇게 반복적으로 연습하면, 좋은 논제를 보는 눈이 생기고 핵심 논제를 가려 뽑을 수 있다. 그 정도 수준에 이르면 모임 시간에 딱 맞게 준비한 이야기를 나누는 것이 가능해진다.

좋은 논제는 다양한 의견이 나올 수 있는 논제이다. 답변이 한 가지로 예측 가능한 질문이 아니라 여러 가지 견해를 나눌 수 있는 논제를 뽑는 연습을 해야 한다. 우선 책의 내용에 '나라면?'을 대입하고 내 삶과 연결 짓는 질문을 만들어 보자.

질문을 위한 질문을 만들지 않도록 주의해야 한다. 그런 질문은 억지스러울 뿐 아니라 이야기가 이어지지 않고 뚝뚝 끊긴다. 책을 깊이 읽고 사색과 성찰을 하다 보면 자연스럽게 떠오르는 질문들이 있다.

그런데도 질문이 떠오르지 않는다면 어느 책에나 적용할 수 있는 질문들을 모아두었다가 활용해 보자. 예를 들어 전체적인 감상은 어땠는지,

인상적인 부분과 이유는 무엇인지, 애정이 가는 인물은 누구인지, 저자가 이 책을 통해 하고 싶은 말은 무엇인지, 내가 주인공이라면 어떻게 했을지 등의 질문이다. 어떨 때는 평이하다고 생각되는 질문에서 의외로 다양한 이야기가 오가기도 한다.

논제를 뽑은 후에는 저자의 생애와 주요 작품을 소개하거나 책의 내용을 요약 정리하는 것도 좋다. 책의 줄거리를 간단히 정리해 두면 완독하지 못하고 참석한 회원들도 토론 내용을 어느 정도 이해할 수 있다. 더불어 발제자의 해석과 느낌을 덧붙이면 부족함 없는 발제의 구성이 갖춰진다.

내용이 정리되면 문서로 작성해 회원들과 공유하는 것이 일반적이다. 문서로 정리할 때는 말하려는 내용을 모두 담기보다는 주요 논제를 중심으로 간소화하는 것이 좋다. 발제지 작성을 위한 시간을 줄이지 않으면, 발제를 맡을 때마다 지친다. 보통은 A4용지 한 장 분량이면 충분하다. 배포 형식은 종이 인쇄가 가장 일반적이고, 파일 또는 'PPT'로 만들어 공유하기도 한다. 온라인 독서모임과 참여 인원이 많은 모임에서는 주로 'PPT'를 활용한다.

경험한 바에 의하면 발제자가 모임 진행을 맡았을 때가 운영자가 진행할 때보다 훨씬 매끄러웠다. 따라서 발제자가 진행까지 맡는 것을 추천하지만 이 또한 정하기 나름이다.

발제는 독서모임의 꽃이다. 생산적인 대화를 나누기 위해서는 발제에 공을 들여야 한다. 처음에는 발제의 벽이 높게 느껴지더라도 다른 사람들이 하는 것을 보고 듣고 만들기를 연습하면 금방 감이 잡힌다. 독서모임 운영자는 참여자들이 발제를 포기하지 않도록 가까이에서 독려해야 한다.

8

모임이 끝난 후가 진짜 회원 관리다

그날은 모임 분위기가 유난히 좋았다. 여름휴가 기간이 끝나고 오랜만에 전원이 출석한 날이었다. 발제자가 논제를 훌륭하게 준비해 온 덕분에 토론도 활발하게 잘 이뤄졌다. 질문의 수준도 토론의 질도 만족스러웠다. 서로 의견이 다를 때도 상호존중을 바탕으로 매끄럽게 흘러갔다. 적절하게 사담도 섞이면서 시종일관 유쾌한 분위기 속에서 모임이 진행됐다. '많이 배우고 많이 웃는 모임이었다.'라고 자평하면서 뿌듯한 마음으로 귀가했다. 서너 시간쯤 지났을까?

"제가 자격증 공부를 시작하게 됐어요. 책을 읽을 시간이 없어서 다음 모임부터는 참여가 어려울 것 같아요. 그동안 즐거웠습니다."

M이 보낸 문자메시지였다. 그는 우리 모임에 누구보다 애정이 많은 회원이었다. 토론 시간에 아무도 입을 열지 않으면 제일 먼저 발언을 하는

고마운 회원이기도 했다. 곤란한 순간마다 알게 모르게 나서주는 분이라 남몰래 의지하고 있었는데 갑작스러운 이별 통보라니.

마음을 돌리기 위해 그에게 전화를 했다. 시간이 없을 때는 책을 끝까지 읽지 않아도 되니까 모임에 계속 참석하면 안 되겠냐고 회유했다. 공부하면서 머리도 식힐 겸 나와 달라고 이야기를 나누던 끝에 알게 됐다. 자격증 때문이라는 것은 핑계였고 모임을 그만두려는 진짜 이유는 따로 있었다.

M은 관심사와 취향이 통하는 사람들을 만나고 싶어서 독서모임에 참여했다. 그런데 시간이 지나고 어려운 주제를 다루는 책을 접하면서 지적 호기심이 끓어올랐다. 모임에서 지적인 욕구를 해소할 수 있어서 좋았다고 했다. 더 많이 배우고 싶고 배운 것을 나누고 싶었다. M에게 독서모임은 학교이자 연구실이었다. 모임에 대한 애정도 깊었다.

P는 친화력이 좋은 사람이다. 다른 회원들보다 늦게 모임에 합류했지만 사람들과 빠르게 친해졌다. P가 모임에 잘 스며들 수 있었던 것은 사담 덕분이었다. 모임 중간 중간 개인적인 이야기를 적절하게 섞으면서 사람들과 친분을 쌓았다. 사담을 나누는 것이 정도를 넘어섰다면 문제가 됐겠지만 운영자 입장에서 보기에 모임의 분위기를 해치지 않는다고 판단했다. 적정한 선을 유지하고 있었기에 제지하지 않았다. 오히려 P 덕분에 구성원들이 서로에 대해 몰랐던 부분을 알게 되고, 친밀해졌다고

생각했다.

안타깝게도 M은 나와 생각이 달랐다. 그는 P가 모임의 분위기를 망치고 있다고 생각했다. 책에 대해서 조금이라도 더 알고 싶고, 배우고 싶고, 토론하고 싶었던 M은 사담이 끼는 것이 불쾌하다고 했다.

내가 만족감에 빠져 있던 그날도 마찬가지다. M은 모임 시간은 오롯이 책에 대한 이야기로만 채우고 싶다고 했다. 친목을 원하는 사람들은 모임 후에 따로 시간을 내서 이야기를 나누면 되지 않느냐고 불만을 호소했다. P가 있는 한 앞으로도 쭉 이런 분위기일 것 같아서 모임에서 빠지고 싶다는 것이었다.

처음 그 이야기를 들었을 때는 납득하기 어려웠고 서운했다. M이 지나치게 예민하다고 생각했다. '사담이 길게 이어진 것도 아니었는데 모임을 그만두고 싶다니.', '지식습득이 독서모임의 전부가 아닌데 이 정도도 이해하지 못하다니.'

내가 P가 아닌데도 억울해서 대변하고 싶을 정도였다. 이내 마음을 고쳐먹고 다시 생각해 보니, 나 역시도 독서모임을 하면서 지적 욕구가 폭발했던 시기가 있었다. 함께 읽기에 무리가 있다는 것을 알면서도 솟구치는 호기심을 만족시키기 위해 어려운 철학책을 모임 책으로 고르기도 했다. 모임 시간을 허투루 보내기가 싫어서 수십 개의 논제를 뽑아 회원들을 괴롭혔다. 개구리가 올챙이 적 생각을 못 한다더니 어느새 그 시절을 까맣게 잊은 것이다.

M에게 나의 경험을 들려주고 깊이 공감하는 태도를 보였다. 그의 의견을 반영해서 다음 모임부터는 좀 더 주의해서 모임을 끌어가겠다고 하니 M의 마음도 조금씩 풀어졌다. P에게도 연락을 취해서 오해하지 않도록 상황을 전달하고 사적인 이야기를 자제할 것을 부탁했다.

독서모임을 꾸리면서 어려웠던 점은 회원모집, 장소섭외, 책 선정, 발제, 모임 진행이 아니었다. 그런 일들은 매뉴얼대로 하나하나 처리하면 그만이다. 모임이 끝난 후 그날의 모임을 점검하고 회원들의 마음을 살피는 게 가장 어려운 일이었다. 상대방이 어떤 생각을 하고 있는지 파악해서 누구 하나 서운함이 없도록 끌어가는 것이 쉬운 일은 아니다. 앞선 사례를 보더라도 자격증을 핑계 삼은 M의 이야기를 곧이곧대로 받아들였더라면 좋은 책 친구 한 명을 잃을 수도 있었다.

모임에 앞서 처리해야 할 일들도 중요하지만 이처럼 모임이 끝난 후 회원 관리에도 신경을 써야 한다. 다양한 방법으로 회원들의 요구사항을 파악하고 의견을 적극 수용해서 반영해야 한다. 다행히 시간이 지나면 여러 가지 사례에 대한 경험이 쌓인다. 경험을 바탕으로 문제를 해결하는 데 도움을 얻을 수 있다.

회원들 사이에 의견 충돌이나 불만 사항이 생겨서 운영자가 개입해야 할 때도 있다. 그럴 때는 상황을 정확하게 파악하는 것이 우선이다. 의견을 조율하고 문제를 해결하는 방법을 찾는 과정에서 회원들이 각각의 생각을 존중받고 있다고 느낄 수 있도록 해야 한다.

문제를 해결하려면 대면해서 소통하는 것이 가장 좋다. 대면이 어렵다면 온라인 채널을 통해서라도 오해가 깊어지기 전에 대화를 이어가는 것이 좋다. 문제가 심각할 경우에는 모임 규칙을 기준으로, 원칙대로 풀어가는 것도 하나의 방법이다.

모임을 그만두겠다는 회원이 있을 때, 그만두려는 숨은 이유가 무엇인지 귀 기울여 듣는 것이 중요하다. 상대방이 감정이 격해진 상태라 듣기가 힘들더라도 일단 끝까지 들어주어야 한다. 감정이 상한 경우, 당장 문제를 해결해달라는 것이 아니라 이해와 공감을 원하는 경우가 대부분이다. 공감하는 척으로는 통하지 않는다. '이 사람이 내 이야기를 들으려고 하는구나.', '이해해 보려고 애쓰고 있구나.'라고 느껴지도록 진심이어야 한다. 노력하는 마음이 전해지면 엉킨 실타래가 풀린다.

그 후에는 모임을 통해 얻을 수 있는 가치와 혜택이 무엇인지 차분하게 설명해 주어야 한다. 감정이 격앙된 상황에서는 누구나 판단력이 흐려진다. 그럴 때는 좋은 점은 다 잊히고 나쁜 점만 크게 보이는 법이다. 다음 모임까지 충분히 시간을 주고, 다시 한번 참석을 권유했음에도 그만두겠다는 마음이 바뀌지 않는다면 그 또한 어쩔 수 없다.

모임이 끝난 이후에도 회원들에게 연락을 취하고, 서로 소통하는 문화를 만들어야 한다. 함께 모여 귀한 시간을 보내는 만큼 운영자뿐 아니라 참여자들도 즐거운 분위기를 만들어 나가기 위해 힘써야 한다. 그런 시간이 차곡차곡 쌓이다 보면 모임도 활성화되고 회원도 차츰차츰 늘어난다.

독서모임 운영자라면,
알아 두어야 할 TIP

1 모임의 목적을 명확하게 정하라.

2 회원 모집을 위해 다양한 채널을 활용하라.

3 회원 모집 글은 간결하게 작성하고 맞춤법에 주의하라.

4 모임의 성격에 맞는 장소를 섭외하라.

5 첫 모임에서 회원들의 신상에 관해 묻지 마라.

6 책 선정은 회원들과 함께하라.

7 회원들의 성장을 위해 발제의 중요성을 널리 알려라.

8 모임이 끝난 후에도 회원들과 소통하라.

3장

잘되는 독서모임은 이것이 다릅니다

1

책 읽기보다 사람이 먼저다

독서모임에서 만난 책 친구들은 제각각 다른 기대를 하고 모임을 시작했다. 같이 읽으면 재미있을 것 같아서, 책을 좋아하는 사람들을 만나고 싶어서, 토론의 필요성을 느껴서, 혼자서는 지속적인 독서를 하는 것이 힘들어서, 사람들의 생각이 궁금해서.

다른 이유로 모였지만 혼자 읽기만으로는 채워지지 않는 무언가가 있었다는 공통점이 있다. 책을 찾아왔지만 '사람'을 찾아온 것일지도 모르겠다.

나는 책을 읽을 때면 항상 책 친구들을 생각한다. 이 책으로는 책 친구들과 어떤 이야기를 나누게 될지 궁금하고 설렌다. 책이든 사람이든 가슴 뛰게 하는 존재가 있다면 일상이 즐거워진다.

이렇게 오랫동안 모임을 할 수 있었던 이유는 결국 '사람'이었다. 독서모임은 함께 읽는 것이다. 구성원들과의 만남이 즐거워야 한다. 좋은 책을 읽고 좋은 이야기를 나눈다고 하더라도 관계가 껄끄러우면 모임이 즐겁지 않다. 반면에 책이 기대에 못 미치더라도 좋은 사람들과 함께하면 모임이 기다려지고 부실한 책으로도 이야기가 풍성해진다.

독서모임이 오래 유지되려면 책 이야기를 나누는 것을 넘어서는 것이 있어야 한다. 그런 의미에서 책만큼 중요한 것은 사람이다. 나는 운이 좋게도 첫 번째 독서모임에서 좋은 사람들을 만났다.

이미 독서모임 경력이 있던 A는 모임의 방향을 잡아주었다. 그녀는 아이를 키우면서도 책 읽기와 운동을 꾸준히 하고 취미로는 악기를 연주했다. 언제나 에너지가 넘치는 사람이었다. 건강한 사람과의 대화는 플러스 에너지를 만들어 낸다.

중학교 교사로 육아휴직 중이었던 B는 고급스러운 유머를 구사해서 모임의 분위기를 시종일관 유쾌하게 만들었다. 철학을 좋아하는 B의 유머는 사색에서 나온 것이었다. 철학책을 읽기 시작한 것도 B 덕분이었다. 그녀가 안내하는 '철학'은 매력적이었고, 좋은 안내자를 책 친구로 둔 덕분에 철학책을 읽는 것이 행복했다. 철학적 지식에 위트를 겸비한 B의 논제는 언제나 토론에 불을 붙였다.

C와 나는 자석의 N극과 S극만큼 다른 사람이었다. 만날 때마다 '이 책을 읽고 어떻게 저런 생각을 할 수 있을까?' 싶을 정도였는데 오히려 그

런 점이 더 좋았다. 극과 극은 통하고 서로를 끌어당긴다. 함께 읽기의 참맛은 다르게 읽기에서 느낄 수 있다. 첫 독서모임에서 만난 C 덕분에 같은 책을 읽어도 사람마다 완전히 다른 관점으로 해석한다는 것을 일찍 알게 됐다. 이것은 독서모임을 운영하는 데 큰 도움이 됐다.

아무리 좋은 사람들이라도 사람이 모인 곳이라면 크고 작은 트러블이 생기게 마련이다. 아주 사소한 문제가 모임을 망가뜨리는 상황을 심심찮게 보았다. 우리 모임도 예외는 아니었다. 작은 오해가 감정의 골을 만들었다.

S가 책을 선정하고 발제를 맡았을 때였다. 당시 가장 많이 팔리고 있던 소설을 읽고 만났다. 독서가들 사이에서는 그 책을 안 읽은 사람이 없을 정도로 이름난 책이었다.

구성원들 모두 나름대로 기대하고 책을 읽었는데 아쉽게도 내용이 명성을 따라가지 못했다. T가 참지 못하고 한마디 한 것이 화근이었다. T는 "도대체 이 책이 왜 베스트셀러인지 모르겠다."라며 한국인의 독서 수준이 이 정도로 형편없다면서 목에 핏대를 세웠다. T는 눈치 채지 못했지만 그때 이미 책을 선정한 S의 얼굴은 붉게 달아오르고 있었다.

T가 S를 공격할 의도를 가지고 했던 말은 아니었다. 그저 책이 별로였다고 강하게 어필하고 싶었을 것이다. 의도와 다르게 S는 본인의 수준을 낮게 평가하고, 비난하는 것이라고 받아들였다. 회원들 앞에서 망신당했

다는 생각에 자존심이 상했고, 한동안 모임에 나오지 않았다.

책 선정과 관련해서 이런 일들이 종종 일어난다. 누군가에게는 더할 나위 없이 좋은 책이 누군가에게는 한없이 지루하고 공감할 수 없는 내용이 되기도 한다. 책을 선정한 사람 입장에서는 책이 만족스럽지 못했다는 이야기를 들으면 웃어넘기기 힘들다. 의기소침해지고 기분이 상하기도 한다.

토론이 언쟁이 되기도 했다. 주인공 스트릭랜드가 이상을 좇느라 현실에서 도피하는 과정을 그린 『달과 6펜스』를 읽었을 때였다. 의견이 명확히 갈리는 책을 읽으면 토론이 활발해진다. 『달과 6펜스』는 각기 다른 독서모임을 통해 여러 번 이야기를 나눈 책이다. 그때마다 주인공의 삶의 방식을 이해할 수 있다는 사람과 용납할 수 없다는 사람으로 의견이 팽팽하게 나뉘었다.

토론 중에 한 회원이 본인의 꿈을 위해 가족을 등진 스트릭랜드를 맹렬하게 비난하기 시작했다. 그러더니 반대 입장에 있는 회원과 격하게 언쟁을 벌였다. 평소에는 온화한 성품이었던 그가 싸움닭처럼 거친 모습을 보이기에 이상하다고 생각했다.

알고 보니 무책임한 아버지로 인해 온 가족이 힘들었던 가정사가 있었다. 스트릭랜드를 보면서 본인의 아버지를 떠올렸고, 지나치다 싶을 정도로 예민하게 반응한 것이다. 사정을 알지 못하는 다른 회원들은 날 선

비난에 당황했고 불쾌했다. 어색하고 껄끄러운 분위기가 풀리지 않은 채로 모임을 마쳤다.

회피하지 않고 소통하는 성숙한 관계

사람들 사이에 오해가 생기고 마음이 불편할 때, 모임을 그만둔다고 해도 이상할 것이 없다. '독서모임은 그저 독서모임일 뿐이니까.'라고 생각하면 불편함을 감수하면서까지 남아 있을 필요가 없다. 다행히 우리는 그러지 않았다. 우리가 함께 읽은 수많은 책에서 말했던 것처럼 회피하지 않고 불편함에 맞섰다. 오해를 풀려고 했고 이해하려고 했다. 서로의 모습에서 단점보다는 배울 점을 찾으려고 애썼다. 보다 성숙한 관계를 맺기 위해 노력했다.

함께 사유하고 질문하고 토론하며 답을 찾다 보면 타인을 통해서 나를 만나는 순간이 있다. 누군가 던진 송곳 같은 질문이, 누군가의 태도가 나의 내면을 깊게 들여다보게 한다. 독서모임 구성원들은 나를 성장으로 이끄는 고마운 사람들이다. 우리는 서로에게 감사하는 마음으로 진심으로 아끼고 존중하며 만났다. 소중하게 생각하고 배려했다.

언제부턴가 사람들이 '오글거린다'는 표현을 사용하기 시작하면서 삶과 죽음, 인생, 철학, 낭만에 관해 진지한 이야기를 나누는 것이 오글거리는 일이 되어 버렸다. 누군가 그런 주제로 이야기하려고 하면 분위기를 망치는 눈치 없는 사람으로 낙인이 찍히기도 한다. 지인이나 친구들과는 나눌 수 없는 묵직하고 진실한 대화를 독서모임에서는 일상적으로 나눌 수 있었다.

배려와 존중, 열린 마음으로

첫 번째 독서모임 회원들이 심어준 좋은 기억이 없었다면 지금까지 독서모임을 할 수 없었을 것이다. 이제는 구성원도 바뀌고 모임의 이름도 달라졌지만 첫 번째 독서모임을 하면서 배운 배려와 존중, 열린 마음만은 변하지 않고 쭉 이어가고 있다.

독서모임은 책을 읽기 위해 만났지만 책만 읽기 위해 만난 사이가 아니라는 것을 기억해야 한다. 책에서 배우는 것만큼 함께 읽는 사람들을 통해서 많이 배운다. 독서모임을 하려면 사람을 사랑하는 마음이 있어야 한다.

2

수다에도 품격이 있다

"소중한 주말을 쓸데없는 이야기를 듣느라 흘려보내서 화가 났죠. 잡담을 듣느라 반나절을 버렸어요."

"육아하면서 책을 읽는 것이 쉽지 않잖아요. 힘들게 완독하고 모임에 참여했는데, 남의 하소연만 듣고 오는 일이 반복되더라고요."

"가벼운 수다 모임을 원한 게 아니었어요. 모임을 그만둬야겠다고 생각했죠."

"독서모임을 끝내고 집으로 돌아가는 데 마음이 무거웠어요. 차라리 이 시간에 가족과 시간을 보내거나 친구를 만나는 게 나았을 거라는 후회가 생기더라고요."

독서모임을 그만둔 사람들의 이야기이다. 모임을 왜 그만두게 되었냐고 물었더니 비슷한 대답이 돌아왔다. 잡담과 험담, 비난과 공격, 푸념과 하소연, 소모적인 수다로 모임 시간을 채우는 것에 질려버렸다는 것이다. 처음에는 그러다 말겠거니 했는데 예상과 다르게 나중에는 책모임이 아닌 친목 모임이 되어버렸다고 했다.

그럼에도 불구하고 그들은 책 이야기를 함께 나누고 싶은 마음을 억누르지 못했다. 끓어오르는 책 사랑을 어쩌지 못해서 우리 모임을 찾아왔다. 이번에는 다르지 않을까 하는 기대를 품고서.

잡담과 수다를 나쁘다고만 할 수는 없다. 때로는 시답잖은 얘기를 나누면서 상대방에 대해 알아가기도 하고 마음이 열리기도 한다. 거대 담론을 이야기할 때만 관계가 깊어지는 것은 아니다. 문제는 자칫하면 모임의 본질을 흐린다는 데 있다.

독서모임에 오는 사람들은 책을 함께 읽고 생각을 나누고 싶다는 갈망으로 모임에 참석한다. 잡담도 좋고 수다도 좋다. 무조건 말리고 싶지는 않다. 단, '책 이야기를 더 많이! 더 충분히!'라는 전제가 지켜져야 한다. 주인공은 책이다.

독서모임에서 만난 사람들은 대개 지적 호기심이 충만하고, 배우고 익히는 것을 좋아하는 사람들이었다. 열정이 많고 긍정에너지가 삶의 원동력이 되는 사람들이다. 그들이 싫어하는 것은 시간 낭비, 비생산적인 대화, 부정적인 에너지를 주는 말들이다.

수다가 위험한 이유는 말을 많이 하다 보면 자기도 모르게 정도를 넘어설 때가 있기 때문이다. 하지 않는 게 좋을 말을 내뱉게 된다. 말이 많은 사람 중에는 남을 비난하거나 헐뜯는 이야기를 화제로 삼는 경우가 많다. 사람을 주제로 한 수다는 칭찬보다는 험담으로 이어지기 쉽다. 시작은 칭찬이었는데 마무리는 험담이 되기도 한다. 수다를 떨더라도 특정인을 겨냥한 수다는 삼가야 한다.

적절하지 않은 어휘 선택으로 대화와 모임의 수준을 떨어뜨려서도 안 된다. 더구나 유료 독서모임이라면 격을 떨어뜨리는 행위를 이해받기는 더욱 어렵다. 시간과 열정을 투자하고 비용까지 지불했는데 마이너스 에너지만 쏟아내는 모임을 참아 줄 사람은 많지 않다.

좋은 독서모임은 구성원들이 '격'을 지킨다는 공통점이 있다. 나이가 많고 적음에 관계없이 상대방을 존중하는 태도와 마음가짐을 가지면 서로의 격을 높일 수 있다. 존중받고 있다고 느끼게 하는 모임에는 사람이 모인다.

품격 있는 수다의 특징

수다를 떨더라도 품격이 있어야 한다. 품격 있는 수다란 어떤 문제에 대해 깊이 있게 대화를 나누는 것을 의미한다. 품격 있는 수다의 특징은 다음과 같다.

첫째, 상대방의 의견을 경청하고 이해하려는 태도를 가지며, 공감을 충분히 표현한다. 공감은 상대의 감정과 생각을 존중하고 있음을 나타내는 요소이다. 공감이 없는 대화는 영혼 없는 리액션만 남는다. 대화가 겉돌고 깊어질 수 없다. 공감은 대화가 양방향으로 유연하게 흐르게 한다.

둘째, 서로에게 예의를 갖춘다. 상대방의 의견에 대해 반박하고 싶을 때가 있지만 비난하거나 공격적인 태도를 취하지 않고 예의 있게 접근한다. 되도록 상대방이 어떤 의미에서 한 말인지 한 번 더 생각한다. 오해는 없었는지 내가 대화를 제대로 이해하고 있는지 살피고, 상대의 의견을 수용하려는 마음을 갖는다. 견해가 다를 때는 감정을 빼고 사실에 근거해서 전달한다.

셋째, 다양한 주제에 대해 지식과 통찰을 나눈다. 책에 관한 이야기가 아니더라도 각자의 경험과 일상에서 배운 것을 공유한다. 책에 관해서 토론을 많이 한 것 같지 않은데 모임이 만족스러운 날이 있다. 그날 모임에는 배움과 통찰, 양질의 수다가 있었다.

넷째, 개인의 성장에 도움이 되어야 한다. 품격 있는 수다는 어긋난 가치관을 재정립하고 세상을 바로 볼 수 있게 하는 등 성장을 돕는다. 격이 떨어지는 수다에는 부정어가 많지만 격을 지키는 수다는 서로를 향해 긍정적인 말들이 오간다.

다섯째, 현실의 문제를 푸는 실마리를 얻을 수 있다. 나의 경험을 이야기하자면 독서코칭 강사로 일하면서 난독증이 있거나 경계성 지능 장애를 가진 학생을 만날 때가 있다. 그런 어려움이 있는 학생을 지도하다 보면 많은 고민이 생긴다. 어느 날 모임을 시작하기 전, 회원들과 잠시 일상적인 대화를 나누다 고민을 해결할 힌트를 얻은 적이 있다.

그날 잡담의 주제는 육아였다. 아이 키우기 힘들다는 식의 푸념이나 하소연이 아니었다. 개개인의 경험이 녹아들어 서로에게 힘이 되는 수다였다. 내가 어떤 고민을 하고 있는지 말을 꺼낸 적이 없었는데도 대화를 나누던 중에 별안간 오랜 고민의 답을 찾을 수 있었다. 이처럼 품격 있는 수다는 생각지 못한 해결책을 모색할 수 있게 한다.

여섯째, 플러스 에너지를 공유한다. 서로를 격려하고 긍정적인 에너지를 전달하며 영감을 주고받을 수 있다. 어떤 모임은 누군가 새로운 일을 시작하고자 할 때 그게 되겠냐며 의지를 꺾어버리는 말을 쏟아낸다. 그러나 품격 있는 수다를 나눈 후에는 도전하고자 하는 의지가 솟구친다.

품격 있는 수다는 기본적으로 좋은 대화의 요소들을 모두 갖추고 있다. 어떤 모임은 모임이 끝난 후 공허함이 남는다. 차라리 공허함이 낫다. 불쾌감만 남는 모임도 있다. 반면 어떤 모임은 모임이 끝나면 충만하게 채워진 기분이 든다. 당연히 독서모임은 후자여야 한다. 생산적이고 건설적인 수다로 참여자들의 내면을 채우는 독서모임은 장수한다.

3

한 권을 읽더라도 깊이 있게 읽기

"독서모임을 10년이나 하셨으면 책을 많이 읽으셨겠네요."

"그동안 몇 권이나 읽으셨어요?"

"1,000권 이상을 읽으면 인생이 바뀐다는데 그 정도 읽으셨나요?"

상대방이 독서모임을 오래 했다는 것을 알았을 때 사람들이 흔히 하는 질문이다. 대부분은 책을 많이 읽었을 것이라고 단정하고 던지는 질문이다. "책을 많이 읽었다."라고 말할 수 있는 기준은 사람마다 다르다. 어떤 사람은 100권, 어떤 사람은 1,000권 정도는 읽어야 많이 읽었다고 생각한다.

나는 질문한 사람들의 기대만큼 책을 많이 읽지 않는다. 질문에 솔직하게 답변하면 상대방이 실망할까 봐 "말씀하시는 것만큼 읽은 것 같아요."라고 답한다.

"대단하세요. 저도 책을 읽어야 하는데…."

"올해 목표는 1년에 100권 읽기예요."

"일주일에 한 권씩은 읽어야 하지 않을까요?"

이런 말들이 뒤따라온다. 우리나라 사람들은 책을 많이 읽는 것을 미덕으로 여긴다. 지성인이라면 최소한 몇 권 정도는 읽어야 한다고 생각한다. 마음 한구석에는 항상 책을 읽어야 한다는 부담감과 의무감이 있다. 지성인이 되기 위해 강박적으로 읽는다. 나도 마찬가지였다. 많이 읽으려고 했고 전투적으로 읽던 때가 있었다.

처음에는 책이 좋아서, 재미있어서 읽다가 나중에는 지적 호기심을 채우기 위해서 읽었다. 더 많이 읽고 싶었고 읽은 책의 목록이 늘어날 때마다 자랑스럽고 뿌듯했다. 그러다 어느 순간부터 책 읽기가 해내야 하는 과업 혹은 숙제로 변질됐다. 즐겁던 독서가 지루하게 느껴졌고 나도 모르게 지쳐가고 있었다.

독서모임을 하면서 달라진 것 중 하나는 많이 읽기의 강박에서 완전히 놓여난 것이다. 이제는 많이 읽으려고 애쓰지 않는다. 대신 한 권을 읽더라도 제대로 읽겠다는 각오로 깊이 읽기에 신경 써서 읽는다. 양보다 질이라는 말이 있다. 독서할 때도 양보다는 질을 높이기 위해 애써야 한다. 삶에 어떤 변화도 가져오지 못하는 무의미한 독서는 그 양이 많을수록 시간만 낭비될 뿐이다.

"많이 읽어라. 그러나 많은 책을 읽지는 마라."

보잘것없는 집안에서 태어나 자수성가한 미국의 정치인이자 미국 건국의 아버지 중 한 명으로 불리는 벤저민 프랭클린의 조언이다. 그는 어릴 때부터 독서광이었다. 가난한 형편에 돈이 몇 푼이라도 생기면 책을 사는 데 모두 썼다고 한다. 장서가와 사귀고 책벌레를 친구로 만들어 책에 대한 토론을 즐겼다. 토론할 상대를 만날 수 없을 때는 주장하는 글을 써서 상대방에게 보내고 반론문이 오면 다시 재반론하는 글을 써서 보냈다고 한다. 요즘으로 치자면 벤저민 프랭클린도 일종의 비대면 독서모임을 즐겼던 것으로 보인다.

독서와 글쓰기는 벤저민 프랭클린의 인생에 빠질 수 없는 부분이었고 성공의 자양분이 되었다. 평생을 책과 함께한 벤저민 프랭클린이 많은 책을 읽기보다 한 권의 책을 깊이 읽기를 권하고 있으니 새겨들을 만하다.

책을 많이 읽으면 독이 되는 것일까?

많이 읽으면서 깊이 읽는다면 그만큼 바람직한 것이 없다. 안타깝게도 인간이 가진 에너지와 시간은 유한해서 양과 질을 동시에 만족시키는 독서를 하는 것이 쉽지 않다. 읽은 책의 목록을 늘리는 것을 목적으로 하는 독서는 여러 가지 문제를 일으킨다.

머릿속에 들어오는 정보가 수용할 수 있는 한계를 넘어 정보의 과부하가 온다. 쉽게 피로감이 생기고, 그로 인해 읽은 정보를 충분히 소화하고 응용하기가 어렵다. 책에서 얻은 통찰을 바탕으로 자신과 연결하거나 실생활에 적용할 수 없다. 책의 핵심은 이해하지 못한 채 내용을 표면적으로만 알고 넘어가게 된다. 심한 경우에는 줄거리만 파악하는 데 그치기도 한다.

읽은 책의 내용이 서로 섞여서 정리되지 않는다. 단편적인 정보들만 머릿속에 떠다닐 뿐 지식으로 축적되지 않는다. 책을 통해 의문이나 궁금증을 갖고 탐구하며 자기 생각을 발전시켜 나가는 것이 불가능하다.

그뿐만 아니라 책을 많이 읽다 보면 비슷한 내용의 책을 반복해서 읽게 되기도 한다. 누구나 책 취향이 있고 선호하는 장르와 좋아하는 작가가 있다. 그러다 보니 자신도 모르게 취향에 부합하는 책만 골라 읽게 된다.

사유하는 독서가 기본

깊이 읽기를 완성하는 것은 독서모임과 글쓰기 활동이다. 오랜 시간 회원이 끊이지 않고 잘 운영되는 독서모임은 사유하는 독서를 기본으로 한다. 때로는 한 권의 책을 제대로 읽기 위해 몇 회에 걸쳐서 모임을 진행하기도 한다. 모임이 끝난 후에는 글로 정리한다. 잘 쓰고 못 쓰고는 중요하지 않다. 모임에서 토론한 내용과 이해한 바를 본인의 상황과 연결해서 글로 정리하면 깊이 읽기의 정수를 느낄 수 있다.

독서모임 운영자는 '얼마나 읽는지'에 욕심을 내기보다는 '어떻게 읽는지'에 초점을 맞춰야 한다. 시간을 투자해 같은 책을 여러 번 읽고 내용을 분석하고 이해하는 것이 깊이 읽기이다. 읽은 책을 완벽하게 소화하는 것이라고 할 수 있다.

제대로 읽으면 책에서 지식과 경험, 통찰을 얻을 수 있다. 사고력 및 창의력이 형성되고 문제해결 능력이 향상된다. 다양한 시각과 관점으로 세상을 바라보고 세계관이 확장된다.

깊이 있는 독서는 단순히 정보를 습득하는 것 이상의 의미를 지닌다. 책에 담긴 내용과 관련된 다른 지식을 연결하는 능력을 키울 수 있을 뿐 아니라 자신을 더 잘 이해하게 된다. 잘되는 독서모임의 구성원들은 대부분 모임을 하면서 스스로 '성장했다.', '발전했다.'라고 생각한다. 독서모임을 통해 자아를 발견해 내적 성장을 이루었기 때문이다. 그것은 깊이 읽기에서 비롯된 것이다.

독서모임에서 논제에 따른 토론을 하고 책에 담긴 내용을 이해하는 과정을 거치다 보면 흔들리지 않던 가치관이나 목표가 재정립되는 변화가 일어난다. 그때 비로소 내가 알던 세상을 넘어 새로운 세계로 들어가는 문이 열린다.

구성원들이 이러한 경험을 자주 하도록 만드는 독서모임은 이탈자가 생기지 않는다. 규모가 작더라도 탄탄한 모임으로 성장한다. 수년 동안 안정적으로 유지하고 있는 모임의 회원들은 독서모임을 시작하기 전보다 시작한 이후에 본인이 더 성장했다고 느끼고 있었다. 독서모임을 통해 매년 조금씩 성장하고 있고 작년보다는 올해 더 성장하리라는 믿음이 있다고 말한다.

혹시 지금 우리 독서모임이 많이 읽기에 집착하고 있지 않은지 돌아볼 필요가 있다. 독서모임으로 인해 내 삶이 조금이라도 나은 방향으로 변화하고 있는지에 대해서도 점검해 보길 바란다. 아무런 변화가 없다면 왜 책을 읽는지, 왜 독서모임을 하는지 의문을 품어야 한다. 사유하지 않고 무턱대고 읽고만 있는 것은 아닐까?

4

좋은 논제가
좋은 독서모임을 만든다

제10회 창비 청소년문학상 수상작인 『아몬드』는 감정을 느끼지 못하는 소년의 이야기이다. 주인공 소년 윤재는 '아몬드'라 불리는 편도체가 작아 기쁨, 슬픔, 공포 등 어떤 감정도 느끼지 못한다. 다행히 엄마와 할머니의 사랑으로 감정을 학습하면서 다름을 들키지 않고 지내왔지만 크리스마스이브에 참혹한 사고로 가족을 모두 잃는다.

세상에 홀로 남겨진 윤재 앞에 '곤이'라는 소년이 나타난다. 곤이는 분노로 가득 찬 아이다. 곤이는 윤재에게 분노를 쏟아 내지만, 감정 불능인 윤재는 곤이의 난동에도 동요하지 않는다. 감정을 느끼지 못하는 덕에 윤재는 인간에 대한 어떤 편견도 없다. 편견 없이 자신을 대하는 윤재에게 곤이는 마음을 열고, 두 소년은 특별한 우정을 쌓으며 성장한다. 타인과 관계를 맺고 성장하는 과정을 탁월하게 묘사한 소설이다.

지금은 성인 독자들의 지지와 사랑을 받고 있지만 출간 초기에는 청소년 소설로 분류된 탓에 성인 독서모임에서 흔하게 다루지 않는 책이었다. 우리 모임에서도『아몬드』를 읽자고 하니 반응이 시큰둥했다.

"아이들 책 아닌가요?"

"청소년 소설인데 나눌 거리가 있을까요?"

모임 후에 반응은 어땠을까?

"오늘 모임 정말 좋았어요."

"울림이 있는 시간이었습니다."

"이 책으로 이렇게 많은 이야기를 나누게 될 줄은 몰랐어요."

회원들의 후기에서 벅찬 마음이 느껴졌다. 그 중심에는 좋은 논제가 있었다. 그날 우리는 감정 불능상태인 주인공의 입장이 되어보기도 하고, 자신의 감정을 바라보는 시간을 갖기도 했다. 사랑과 공감, 편견과 우리 사회의 병증, 좋은 어른과 좋은 사회, 정상과 비정상, 평범함과 비범함 등 다채로운 주제로 이야기를 나누었다. 좋은 논제가 깊이 있는 대화를 끌어냈고 모임을 풍성하게 만들었다.

『아몬드』는 좋은 논제를 뽑을 수 있는 책이다. 어려운 책, 수준이 높다고 회자되는 책에서만 좋은 논제가 나오는 것이 아니다. 쉽게 읽히는 책, 청소년 소설 심지어 동화책에서도 좋은 논제를 충분히 만들 수 있다.

유난히 모임 후기가 좋은 날이 있다. 모임이 잘된 날에는 어김없이 좋은 논제가 있었다. 논제가 좋으면 모임의 만족도가 올라간다. 논제의 질은 독서모임의 수명을 좌우하는 요소 중 하나이다. 모임을 끝내고 집에 돌아가는 길에 오늘도 배우고 성장했다는 기쁨을 주는 모임을 만들어야 한다. 좋은 논제는 좋은 독서모임을 만드는 데 있어서 핵심적인 역할을 한다. 함께하는 사람들이 좋으면 모임이 잘되지 않느냐고 묻는 사람도 있다. 물론 이야기가 잘 통하고 마음이 맞는 사람들이 있는 모임이 잘된다. 다만 사람'만' 좋은 독서모임은 시간이 지나면서 점차 독서모임의 기능을 잃을 수도 있다. 깊고 진하게 책 이야기를 나누기 위해 모인 사람들이다. 논제의 깊이와 대화의 깊이는 비례한다.

좋은 논제의 조건

어떤 논제가 좋은 논제일까? 그동안 다양한 논제를 접하면서 좋은 논제가 포함하고 있는 조건을 찾을 수 있었다.

첫째, 참여자들이 쉽게 의견을 말할 수 있는 논제이다. 논제를 만드는 목적은 토론이다. 토론에 불을 붙이는 논제가 좋은 논제이다. 침묵하게 만드는 논제는 좋은 논제가 아니다. 관심을 끄는 질문으로 참여자들의 입이 쉽게 열려야 한다. 문장 구성을 단순화하고 쉬운 단어를 사용해서 누구나 빠르게 이해할 수 있도록 질문을 만드는 것이 좋다.

둘째, 다양한 답변이 나올 수 있어야 한다. 이미 답이 정해졌거나 어떤 반응이 나올지 예측할 수 있는 논제는 좋지 않다. 참여자의 숫자만큼 여러 가지 답변이 나올 수 있어야 한다.

셋째, 독서모임에 참여하는 사람들은 서로 다른 배경과 경험을 가지고 있다. 각자 갖고 있는 생각이 확고하다. 생각의 틀에서 벗어나게 하는 논제여야 한다. 한 번도 생각해 보지 않은 관점에서 질문하는 논제가 좋은 논제다.

그런 의미에서 논제를 만들 때 작품해설을 미리 읽지 않는 것도 좋다. 내 경우에는 논제를 만든 후에 해설을 읽거나 모임 전까지 읽지 않을 때도 있다. 모임이 끝난 후 나누었던 이야기를 복기하면서 해설을 읽는다. 작품해설을 읽으면 아무래도 저자 혹은 옮긴이의 생각을 따라가게 된다. 어떤 때는 그들의 생각이 내 생각인 것처럼 착각하기도 한다. 새롭게 생각하기 위해서는 나만의 방식으로 작품을 해석해야 한다.

넷째, 책의 내용을 더 잘 이해할 수 있게 돕는 논제이다. 내용 파악이 쉽지 않은 책이 있다. 이럴 때는 논제를 통해 책의 핵심 내용을 파악할 수 있어야 한다.

다섯째, 책의 내용에서 벗어나는 논제는 좋은 논제가 아니다. 아무리 흥미로운 질문이라 할지라도 책의 주제와 연관성이 없다면 무의미하다. 주제를 중심에 두고 논제를 만들어야 한다.

책 한 권을 읽고, 열다섯 개의 질문 만들기

R은 독서모임에서 논제를 만드는 것이 스트레스라고 했다. 모임 참여 전부터 독서모임에서는 논제를 만들어야 한다고 들었는데 자신이 없다

고 걱정이 많았다. 내가 했던 조언은 책 한 권을 읽을 때마다 질문을 15개씩 만들어 보라는 것이었다. 그렇게 두세 달만 연습하면 논제에 대한 부담이 반으로 줄 것이라고 했다. 그 방법은 틀리지 않았다. 석 달 동안 모임에서 열두 권의 책을 읽었고, R은 숙제하듯이 한 권에 15개씩 질문을 만들었다. 석 달 후에는 180개의 질문이 완성됐고 논제에 대한 두려움은 자신감으로 바뀌었다. 많이 읽고 많이 만들어 보는 것이 답이다.

책을 제대로 읽고 질문을 만드는 연습을 반복하면 사고력이 폭발적으로 확장되는 경험을 하게 된다. 임계점을 넘어서면 질문을 만들 때부터 '토론이 잘될 것 같다.', '좋은 논제를 만들었다.'라고 본인이 가장 먼저 느낄 것이다. 논제를 만들고 토론하는 동안 나도 모르는 사이에 생각의 깊이가 달라지고 좋은 논제를 보는 눈이 생긴다.

그뿐만 아니라 논제를 만드는 과정에서 비판적으로 읽는 습관이 생긴다. 혼자 읽을 때는 쉽게 지나쳤을 부분도 문제의식을 느끼고 능동적으로 다시 읽고 파고들게 된다. 어떤 사람들은 그 과정에서 세상을 바라보는 방식도 기존의 것을 넘어선다.

비판적 읽기를 연습한 사람들은 현실에서도 객관적으로 상황을 파악하고 문제점과 해결책까지 비교적 쉽게 찾아낸다. 책에서 얻은 통찰을 삶에 적용해서 현실의 문제까지 해결할 수 있을 때 비로소 책을 제대로 읽었다고 할 수 있다. 우리는 그것을 '성장'이라고 부른다.

잘되는 독서모임은 책에만 머무르지 않는다. 깊이 토론하는 과정에서 당면한 삶의 문제를 해결하는 데 도움을 얻을 수 있다. 토론을 통해 생각과 태도의 변화를 일으켜 현실의 문제에 부딪혔을 때 머뭇거리거나 회피하지 않고 앞으로 나아가야 한다. 그것이 책을 읽는 이유이고 좋은 논제가 필요한 이유이다.

5

독서모임을 잘 이끄는 질문들

논제 만들기가 어렵다고 생각될 때 앞으로 안내할 몇 가지 항목을 토대로 만들기를 시도해 보자. 다섯 가지 기본 유형으로 시작해 생각을 보태고 질문을 확장하면 된다. 때로는 책을 읽고 비슷한 주제를 다루고 있는 영화, 다큐멘터리, TV 프로그램을 보조 자료로 활용한다. 그런 경우 더욱 깊이 있게 확장된 논제를 만들 수 있고 토론이 풍부해진다. 꾸준히 만들다 보면 어느 순간부터는 책을 읽음과 동시에 머릿속에서 논제들이 자연스럽게 쏟아져 나온다. 좋은 논제가 지나치게 많이 떠올라 그중에서 추리고 추려 발제하게 되는 날이 온다.

기본유형 1: 책에 대한 감상평

시작은 가볍게! 책을 읽은 소감이나 별 평점을 매기는 것으로 출발한다. 책에 대한 한 줄 평을 남긴다거나 인상 깊은 장면과 문장을 공유한다. 책에 대한 평가를 나눠보는 것도 좋다. 이 책이 고전이 될 만한지, 베스트셀러가 된 이유는 무엇인지에 대한 의견을 나누는 논제는 얼어 있던 분위기를 풀어준다. 책에서 키워드를 뽑아 키워드에 대한 이야기로 모임을 여는 것도 좋다.

기본유형 2: 등장인물을 통해 '나'를 이해할 수 있는 논제

등장인물 중에서 가장 애착이 가는 인물은 누구인지 공감이 가는 인물과 전혀 공감할 수 없는 인물은 누구인지 묻는다. 등장인물에 대한 이야기를 나눔으로써 스스로를 돌아보는 논제를 만든다. 질문에 대한 답을 찾아가다 보면 자기 자신을 이해하게 된다.

'나라면?'을 대입해서 만든 논제도 좋다. 내가 주인공이었다면 이런 상황에 어떻게 행동하고 어떤 선택을 했을지 묻는 논제이다. 또는 내가 등장인물 A라면, B라면 어떻게 했을지 생각해 보는 논제는 각자 중요하게 여기는 가치에 대해 깨우치게 한다.

기본유형 3: 토론을 부르는 선택 논제

책에 대한 세간의 평가를 인정할 수 있는지 인정할 수 없는지, 찬성인지 반대인지, 공감되는지 공감할 수 없는지와 같이 둘 중 하나를 선택하는 논제가 있다. 두 가지 입장으로 나뉘는 질문은 토론을 활발하게 하고 대화를 풍부하게 이끈다.

단, 선택을 위한 억지 논제를 만든다거나 발제자의 의도가 들어간 논제를 만들지 않도록 주의해야 한다. 논제를 만드는 사람은 본인의 의도를 빼야 한다. 논제를 만들 때 흔히 하는 실수가 답이 정해진 논제를 만드는 것이다. 발제자가 기대하는 답을 미리 정해두고 그에 맞는 논제를 만드는 것은 삼가야 한다.

기본유형 4: '내 생각은 다른데요?' 작가의 생각에 반기를 드는 논제

독자는 책을 읽으면서 저자의 감정에 이입하고 자기도 모르게 설득당한다. 작품해설도 마찬가지다. 해설을 읽다 보면 해설서에 쓰인 내용을 내 생각인 것처럼 착각한다. 책을 제대로 읽는 독자라면 저자의 생각이 맞는지 한 번쯤은 의심을 품어봐야 한다. 글쓴이의 의견에 의심을 품는 논제, 반기를 드는 논제는 사고의 영역을 넓힌다.

기본유형 5: 세상과 나를 연결하고 확장하는 논제

책을 읽은 후에는 책 밖으로 나가서 읽은 내용을 세상과 연결해야 한다. 개인적인 차원으로만 읽으면 책을 읽는 의미가 있을까? 세상과 나를 연결하는 논제가 좋은 논제이다. 특히 사회적 이슈를 다루고 있는 책을 읽었다면, 쟁점을 캐내고 본질을 볼 수 있게 하는 논제를 만들어야 한다.

이제 논제의 예시를 살펴보려고 한다. 기본 유형을 바탕으로 깊이 있는 논제로 확장한 예이다. 참고해서 실제 모임에서 논제를 만들 때 적용해 보자.

예시 1. 청소년 문학

『아몬드』_손원평

1. 어떻게 읽었나요? 간단하게 감상을 이야기하고 별 평점을 매겨봅시다.
2. 인상 깊은 장면이나 구절은 무엇이었나요? 이유는?
3. 누군가가 『아몬드』가 어떤 소설이냐고 묻는다면 뭐라고 대답할 건가요? 한 줄로 정리 해볼까요?

"『아몬드』는 (____)에 관한 소설이다."

4. 희노애락애오욕(기쁨, 분노, 슬픔, 즐거움, 사랑, 미움, 욕심) 중에 내가 잘 표현하는 감정은 무엇인가요? 혹시 숨기게 되는 감정도 있나요?
5. 나는 나의 감정을 건강하게 표현하고 있나요? 부정적인 감정을 어떻게 표현하나요?

6. 감정 단어를 많이 아는 사람일수록 감정 조절을 더 잘할 수 있다고 해요. 나는 얼마나 많은 감정 단어를 알고 있나요? 생각나는 대로 한번 써볼까요?
7. 책에 등장하는 헌책방의 의미는 무엇일까요? 왜 하필 헌책방일까요?
8. 윤재가 달라진 이유는 무엇일까요? 그리고 그 시점은 언제라고 생각하나요?
9. 내 주위에도 심 박사 같은 사람이 있나요?
10. 윤재가 아직도 할머니, 엄마와 함께 살고 있다면 어떻게 성장했을까요?
11. 성장환경이 인간에게 미치는 영향에 대해 각자의 생각을 나눠봅시다.
12. 이 작품에는 다양한 형태의 사랑이 나와요. '사랑'에 대해 한 문장이나 한 단어로 정의 내려 볼까요?
13. 혹시 주위에 절대로 이해할 수 없는 사람이 있나요? 특히 어떤 점을 이해할 수 없나요?
14. 도저히 이해할 수 없는 그 사람을 사랑할 수 있나요?
15. 윤재와 곤이, 도라는 서로에게 좋은 영향을 주고받죠. 나에게 영향을 주는 사람은 누구인가요?
16. 누군가의 말로 인해 내 생각이 바뀐 경험이 있나요?

17. 윤재처럼 '차라리 감정이 없으면 좋겠다.'라고 생각했던 순간이 있나요?
18. 만약 윤재에게 감정이 있었다면 곤이와 윤재의 관계는 어떻게 되었을까요?
19. 작품 속에서 윤재와 곤이는 어른의 도움이 필요한 상황과 마주해요. 내 눈앞에 그때의 윤재와 곤이가 있다면, 나는 어떻게 행동할까요?
20. 사람들은 왜 타인의 아픔이 자기 일이 되기 전에는 온전히 공감하지 못하고 쉽게 잊을까요?
21. 세상이 말하는 평범함은 무엇이고, 내가 생각하는 평범함의 범주와 기준은 무엇인가요?
22. 이 책에는 편견, 차별, 소통의 부재, 학교폭력, 정서적 학대 등 우리 사회의 병폐가 드러나 있죠. 이 중에서 사회통합을 저해하는 가장 큰 문제는 무엇이라고 생각하나요?

예시 2. 고전문학

『인간 실격』_다자이 오사무

1. 이 책에서 키워드 세 개를 뽑아볼까요?
2. 해당 키워드를 선택한 이유는 무엇인가요?

3. 누군가 『인간 실격』에 관해 묻는다면 읽어보기를 추천한다, 추천하지 않는다. 그 이유는 무엇인가요?
4. 제목에 대하여 생각해 봅시다. 어떤 의미일까요?
5. 인간의 자격은 무엇인가요?
6. 인간으로서 꼭 지켜야 한다고 생각하는 원칙이나 도리가 있나요?
7. 요조의 삶과 다자이 오사무의 삶에 공감할 수 있나요? 공감할 수 없나요? 그 이유는?
8. 요조는 '익살'을 통해 자신의 속내를 숨기고 타인에게 다가섭니다. 나는 타인에게 얼마나 솔직한가요?
9. 인간관계에서 요조의 '익살'과 같은 '나의 가면'이 있다면?
10. 다자이 오사무가 요조에게 '배고픔을 느끼지 못하는 인간'이라는 설정을 입힌 이유는 무엇일까요?
11. 다케이치는 '여자들이 요조에게 반할 것이며, 위대한 화가가 될 것이다.'라고 예언했어요. 누군가의 예언이 한 사람의 삶에 미치는 영향이 있다고 생각하나요?
12. 타인에게 들은 말 중 세월이 흐른 뒤에도 곱씹게 되는 말이 있었나요? 혹은 나에게 깊은 인상을 남긴 말이 있다면 무엇인가요?
13. 고통을 극복하는 나만의 방법이 있나요?
14. 요조는 '인간 실격'인가요, 아닌가요?
15. 요조와 같은 인간 유형을 공동체나 타인이 구원해줄 수 있다고 생

각하나요?

17. 다자이 오사무는 소설 말미에 마담의 입을 빌어 "요조는 하느님처럼 좋은 사람이었다."라고 말하죠. 작가는 요조를 순수함을 상징하는 존재로 보고 있는 것 같아요. 이에 대한 내 생각은 어떠한가요. 작가의 견해에 동의할 수 있나요? 동의하기 어려운가요?
18. 『인간 실격』이 많은 이들에게 사랑받는 고전이 된 이유가 무엇이라고 생각하나요?

예시 3. 현대문학

『난장이가 쏘아올린 작은 공』_조세희

*함께 보면 좋은 자료:

1) 〈SBS 꼬리에 꼬리를 무는 그날 이야기 시즌1_무등산 타잔, 박흥숙〉

2) 영화 〈기생충〉

1. 제목이 무엇을 의미한다고 생각하나요?
2. 난장이와 공이 상징하는 것은 무엇일까요?
3. '뫼비우스의 띠'의 의미에 관하여 각자 생각한 바를 나눠봅시다.
4. 난장이 가족은 입주권을 싸게 팔아야 했지요. 나라면 어떻게 했을까요?

5. 난장이는 어떤 세상을 꿈꾸었던 것일까요?
6. 은강기업 회장의 손자는 노동자들에게 은혜를 모른다며 분노해요. 직장을 마련해 주고 돈도 벌게 해주고 먹고살게 해주었더니 고마워하기는커녕 자신들을 악마 취급한다는 이유에서였지요. 이에 대한 내 생각은 어떠한지 이야기를 나누어 봅시다.
7. 내가 회사를 운영하는 사람이라면 노조 활동에 대해 어떤 입장을 취할 것인가요?
8. 내가 노동자라면 노조 활동에 대해 어떤 입장을 취할 것인가요?
9. 우리 사회의 난장이에 대하여 이야기를 나눠봅시다.
10. 빈곤이 대물림되는 세상이라고 말합니다. '금수저', '흙수저'라는 단어가 일상에서 흔히 쓰이고 있죠. 이에 대한 생각은 어떤가요?
11. 이 소설이 세상에 나온 지 수십 년이 지났는데 아직도 난장이 가족처럼 소외된 사람들이 존재합니다. 빈부격차는 오히려 심화되고 있죠. 세월이 흘러도 변화되지 않는 이유는 무엇 때문일까요?

6

모임이 지루해지는 순간을 포착하세요

"우리, 잠시 쉬어가는 게 어떨까요?"

청천벽력 같은 말이었다. 독서모임을 시작한 지 4년을 넘겼을 즈음이었다. 어느 날 Y가 모임을 잠시 쉬면 어떻겠냐는 폭탄 발언을 했다. 당시 우리는 일주일에 한 번씩 만났는데 한여름 무더위와 휴가철이 겹치면서 두어 달 전부터 불참 인원이 늘어나고 있었다. 풍선에 바람이 빠지듯이 서서히 활기가 빠져가고 있었지만 오래된 모임에서 흔히 있는 일이라고 생각했다.

운영자인 나조차도 모임이 재미없어지고 있던 때였다. 그럼에도 '그럴 때가 있지, 곧 좋아지겠지.'라고 안일하게 생각한 것이 문제였다. 이상한 기류가 감지되기는 했지만, 표면적으로는 꽤 잘 운영되고 있는 모임이었기에 설마 모임을 쉬고 싶어 하는 회원이 있을 줄은 몰랐다.

지금 생각해 보면 운영자마저도 재미를 잃어가는 모임이라면 당연히 회원들도 즐거웠을 리가 없는데 생각이 짧았다. 만약 Y가 아무 말 없이 모임에서 빠졌더라면 어떻게 되었을까? 모임에 대한 애정이 없었다면 쓴소리도 없었을 것이다. 그녀의 충격 발언 덕분에 냉정하게 모임을 진단해 볼 수 있었으니 참 고마운 일이다.

어떤 모임이든 모임이 지루해지는 순간은 반드시 찾아온다. 구성원과 운영자는 그 순간을 놓치지 않고 포착해야 한다. 우리 모임도 예외는 아니었다. 지나고 보니 몇 가지 시그널이 있었다. 완독이 유일한 규칙인 우리 모임에서 책을 읽지 않고 참석하는 회원들이 늘어났고, 핑계를 대면서 빠지는 회원도 생겼다. 지각하는 회원이 도착할 때까지 기다린다는 핑계로 모임 진행을 미루기 일쑤였다. 당연히 지각한 사람이 도착한 이후에도 토론을 시작하지 않았다.

이럴 때는 어떻게 해야 하는 것일까? Y가 제안한 대로 모임을 쉬면서 충전과 재정비를 하는 것도 좋은 방법이다. 연인 사이에도 권태기가 오면 잠시 시간을 갖듯이 말이다. 떨어져 있으면서 이 모임을 계속할지 끝내는 것이 나을지 생각해 보는 것도 나쁘지 않다.

그러나 시간을 갖기로 하고 다시 만남을 이어가는 경우는 드물다. 아직 이별하기에는 아쉬움이 남는다면 모임에 활력을 되찾을 방법을 고민해야 한다. 그 전에 구성원들의 상태부터 점검해 봐야 한다.

회원들의 불만 사항 파악하기

우선 개별적으로 전화를 해서 회원들의 생각을 들어봤다. 일부는 Y처럼 모임에 위기가 왔다고 생각했다. 일부는 일시적인 현상일 뿐이며 위기까지는 아니라고 했다. 불참자가 늘어나는 것에 대해서도 대수롭지 않게 생각했다.

모임에 위기가 온 것 같다고 한 회원들은 갈수록 뻔한 질문과 예측 가능한 이야기가 오가는 것도 불만이라고 했다. 고정된 인원으로 오래 모임을 하다 보니 새로운 시각으로 문제를 바라보기가 쉽지 않았다. 서로에 대해 잘 안다는 것은 장점이자 단점이 되고 있었다.

'저 사람 성향이라면 이 책을 읽고 이런 이야기를 하겠구나.'를 감지하게 됐고, 모임이 지루하게 느껴진다고 했다. 함께 모여 솔직하게 대화를 나누고 남을 사람과 떠날 사람을 파악했다. 남은 사람들은 다양한 시도를 했다.

충원으로 분위기 바꾸기

익숙함이라는 문제를 해결하기 위해서는 적당한 긴장감이 필요했다. 우리는 인원을 충원했다. 남은 사람들만으로도 모임을 하는 데 지장은 없었지만 분위기를 바꾸려면 신입 회원을 모집하는 것이 좋겠다고 의견이 모아졌다.

충원하면서 P와 H를 만났다. 다행히 두 사람은 책을 읽는 것도 발제하는 것도 열심이었다. 신선한 질문이 오가고 분위기가 바뀌기 시작했다. 특히 H는 엉뚱한 발상으로 기상천외한 화두를 던지는 사람이었다.

권태기 극복을 위해 이전에는 모임에서 다루지 않던 그림책과 만화책을 두 달간 집중적으로 읽었다. 충전과 휴식을 위해 선택한 장르였는데 오히려 꺼져가던 회원들의 열정에 불을 질러버렸다. 윤태호 작가의 『미생』과 최규석 작가의 『송곳』이 그때 읽은 만화책이다. 훌륭한 두 편의 만화는 풍성한 이야깃거리를 만들었다. 나누고 싶은 이야기가 넘쳐나서 모임 시간을 넘기면서까지 토론했다. 지금도 『미생』과 『송곳』을 보면 반갑다. 시들어 가던 독서모임을 살린 책이다.

이벤트로 활기를 불어넣기

여러 가지 이벤트도 기획했는데 가장 반응이 좋았던 것은 '인생책 소개의 날'이었다. 그날은 책을 읽고 오지 않아도 될 뿐 아니라 선정 도서도 없다. 각자 본인이 가장 사랑하는 책을 한 권씩 가져와서 소개했다.

책의 내용과 작가에 대한 이야기는 물론이고 이 책을 왜 좋아하는지 책과 얽힌 에피소드와 추억까지 풀었는데 생각보다 다양한 이야기가 오갔다. 돌아가신 아버지와의 추억이 담긴 책도 있었고 첫사랑의 아련함이 아로새겨진 책도 있었다. 함께 울고 웃으며 가슴 따뜻한 시간을 보냈다.

'인생책 소개의 날'의 호응에 힘입어 기획한 것이 '최악의 책 소개의 날'이다. 제목 그대로 인생책에 반대되는 인생 최악의 책을 소개했다. 최악의 책을 필요로 하는 사람에게 나눔까지 할 수 있어서 회원들의 만족도가 높았다.

최악으로 꼽는 이유가 각양각색이라 사연을 듣는 재미도 있었다. 싫어하는 작가의 책인데 선물을 받아서 어쩔 수 없이 소장하게 됐다는 이유는 평범한 축에 속했다. 서로의 바닥을 확인하고 헤어진 남자친구가 선물한 책이라 덩달아 최악의 책이 되었다는 사연도 있었다. 연애담까지 상세히 곁들여 이 책을 보는 게 얼마나 기분 나쁜 일인지 설명하는 회원 덕분에 많이 웃었다.

'최악의 책'을 다른 회원들이 서로 가져가려고 할 때도, 모두 갖기 싫어해서 다시 집으로 챙겨 갈 때도 책 주인들의 반응이 우스워 폭소가 터져 나왔던 날이다.

당시 회원들이 아직도 좋았다고 추억하는 이벤트는 '책에서 듣는 음악'이다. 재즈와 클래식 음악에 조예가 깊은 무라카미 하루키의 작품에 나오는 음악을 찾아서 듣는 시간이었다. 어떤 책의 몇 페이지에 등장하는 음악인지, 왜 이 부분에서 이 음악을 썼을지 서로의 의견을 나누었다. 해당 구절을 함께 읽고 음악을 들었다. 음악과 책이라는 필승조합으로 좋은 시간을 보냈다.

모임이 시들하고 지루해지고 있다면, 우선 회원들과 소통해야 한다. 김이 빠지는 원인이 무엇인지 찾아야 한다. 문제를 파악한 후에는 다 함께 머리를 맞대고 방법을 찾아야 한다. 운영자 혼자 이 문제를 해결할 수는 없다.

이때 충원을 해서 새로운 에너지를 얻을 수도 있고, 평소에 모임에서 해보지 않았던 소소한 이벤트로 활기를 불어넣을 수도 있다. 소중한 모임을 아쉽게 끝내고 싶지 않다면 변화를 시도하는 것을 망설이지 말자. 위기가 기회로 작용해서 모임이 더 발전하기도 한다. 모임은 위기와 변화를 통해 성장한다.

7

소모임 활동으로 관계 다지기

독서모임에서 만나는 사람들은 도전을 두려워하지 않고 배우기를 좋아하는 경향이 짙었다. 아무래도 책에서 받은 영향 때문이리라 짐작된다. 수많은 책에서 편견 없이 도전하고 경험해 보지 못한 것도 받아들이기를 주저하지 말라고 말한다. 살던 대로만 살라고 하는 책은 어디에도 없다.

책 이야기를 하다 보면 독서모임 안에서도 자연스럽게 취향이 비슷하거나 마음이 더 끌리는 사람들을 발견하게 된다. 그들과 함께 다른 모임을 꾸려서 공통의 관심사를 나누며 즐기고 싶다는 생각이 든다. 그런 사람들과 독서모임 안에 또 다른 소모임을 만들면 회원들 간에 돈독함이 배가 된다.

독서모임을 오래 함께한 사람들은 특별한 유대감이 있다. 거기다 소모임까지 함께하는 독서모임이라면 잘될 수밖에 없다. 책모임 안의 소모임, 이를테면 샵인샵처럼 좋은 사람들과 좋아하는 일을 적극적으로 펼칠 수 있는 활동을 구상해 보자. 두 명만 모여도 소모임을 만들 수 있다.

한 분야만 집중적으로 읽기, '취향 저격 책모임'

개인의 취향과 관계없이 다양한 책을 가리지 않고 읽게 되는 것이 독서모임의 매력이고 장점이다. 편독하는 습관을 없애고 싶어서 독서모임에 오는 사람들도 있다. 모임에서는 장르 불문하고 책 읽기를 권장하지만 개인마다 유난히 꽂히는 분야가 있게 마련이다.

조금 더 읽어보고 싶은 장르가 있는데 독서모임에서는 편향된 독서를 할 수 없으니 소모임을 만들어 운영해 보자. 아예 대놓고 편독을 해보는 것도 깊이 읽기의 한 방법이다. 경제도서 모임, 환경도서 모임, 과학책 모임, 추리소설 모임, 미술책 모임 등이 이런 모임에 해당한다. 관심사가 같은 사람들과 좋아하는 장르를 집중적으로 파헤치다 보면 웃음과 대화가 끊이지 않는다. 단, 우선순위를 정해야 한다. 기존에 몸담았던 독서모임이 먼저다. 디깅하는 재미에 빠져 기존 독서모임에 소홀해지지 않도록 균형을 맞춰야 한다.

원작이 있는 공연 함께 보기, '공연 관람 모임'

원작이 있는 영화, 연극, 뮤지컬, 발레 등을 관람하는 모임이다. 원작도 읽고 공연도 볼 수 있어서 모임의 횟수가 적어도 만족도가 높다. 영화 〈82년생 김지영〉은 소설 『82년생 김지영』, 연극 〈거미여인의 키스〉는 소설 『거미여인의 키스』, 뮤지컬 〈지킬 앤 하이드〉는 소설 『지킬 박사와 하이드 씨』, 발레 〈호두까기 인형〉은 소설 『호두까기 인형과 생쥐 대왕』이 원작이다. 원작을 읽고 공연을 보면 글과 공연을 바라보는 시각이 달라진다. 글을 어떻게 공연예술로 구현했는지 확인하는 것도 흥미롭다. 관심을 가지고 찾아보면 원작이 있는 좋은 공연과 영화를 생각보다 많이 찾을 수 있다.

글쓰기를 원하는 사람들끼리, '에세이 쓰기 모임'

많이 읽다 보면 쓰고자 하는 욕구가 솟구친다. '읽기'의 끝은 '쓰기'라고 말하기도 한다. 인풋이 많아지면 아웃풋을 만들고 싶은 마음이 생긴다. 실제로 독서모임 구성원 중에는 쓰기를 원하는 사람들이 많다. 그들과 함께 글쓰기 모임을 만들어 보자.

매주 한 편씩 혹은 매달 한 편씩 글을 써서 만난다. 모임에서 합평도 하고 서로의 글쓰기를 격려한다. 모임 시간에 각자 조용히 글만 쓰는 모임을 만들 수도 있다. 글에 대한 평가 없이 정해진 모임 시간 동안 말없이 글쓰기에 몰입하는 것이다. 회원들의 글을 엮어서 문집을 만들거나 공저로 책을 출간해서 눈에 보이는 결과물을 만들기도 한다.

함께 쓰기의 가장 좋은 점은 독서모임에서 토론할 때는 보지 못했던 상대방의 새로운 모습을 발견하게 되는 것이다. 특히 에세이는 글을 쓴 사람의 정서와 심리상태가 적나라하게 드러나는 글이다. 구성원에 대한 이해의 폭이 넓어지고 독서모임에서 나누는 대화의 깊이도 달라진다.

서로의 소리에만 집중해 보기, '낭독모임'

개인적으로 추천하고 싶은 소모임은 낭독모임이다. 독서모임의 다른 형태인 낭독모임은 책을 읽고 오지 않아도 된다는 장점이 있다. 발제할 필요도 없다. 함께 모여 소리를 내어 책을 읽으면 그만이다. 묵독하다가 소리 내서 읽고 싶다는 욕구가 생길 때가 있다. 나 역시 누워 있는 글자에 숨을 불어넣어 일으키고 싶었다. 낭독모임을 해보니 단점을 찾을 수 없을 정도로 장점이 많았다. 마음이 복잡할 때 잡념이 사라지게 하는 데는 낭독만 한 것이 없다. 소리를 내는 것에 정신을 집중하는 사이 나를 괴롭히던 걱정과 상념은 희석된다.

눈은 활자를 따라가고 입은 활자를 읽어야 하니 자연스럽게 집중력이 높아지고 고급 읽기 능력이 향상된다. 고급 읽기 능력은 발음, 발성, 강약, 끊어 읽기, 빠르기 조절 등을 포함한 읽기 능력이다. 글쓰기를 하거나 말할 때 표현력이 좋아진다. 좋은 책에서 소리를 내어 익힌 좋은 표현이 나도 모르게 스며들어 표현력을 풍부하게 만든다.

말하는 습관이 개선된다. 낭독을 하면 자신의 호흡, 목소리 크기, 목소리의 떨림, 말의 빠르기 등을 전반적으로 확인하게 된다. 일상적인 대화에서는 발견할 수 없는 말하기의 문제점을 알게 되고, 단점을 개선할 수 있다.

상대방의 이야기에 귀 기울이는 태도를 갖게 된다. 낭독하는 동안은 오직 서로의 소리에만 집중하기 때문이다. 낭독모임을 오래 하면 평상시에도 상대방의 말을 주의 깊게 듣는 것이 습관화된다.

이름난 책방을 방문하는 시간, '동네 책방 투어모임'

책을 아무리 좋아해도 집에서 책만 읽는 것은 지루하다. 지금까지 독서모임을 하면서 책방과 서점에 관심이 없다고 하는 회원은 보지 못했다. 여러 지역의 이름난 동네 책방을 방문하는 소모임 활동을 해보는 것은 어떨까? 알려지지 않은 책을 손에 넣는 기쁨도 있어서 모임 날을 손꼽아 기다리게 된다.

동네 책방은 대형서점에는 없는 책과 독립 출판물을 만날 수 있는 곳이다. 특유의 아늑한 분위기와 책방지기의 감성이 드러나는 큐레이션이 매력적이다. 단순 책 구매가 목적이 아니라 문화공간으로서 방문해 볼 가치가 있다.

개성 있는 콘셉트를 가지고 운영되는 곳들도 많고 그림책, 여행 서적, 자연과학 서적 등 특정 분야의 책만 전문적으로 판매하는 책방도 있다. 예쁜 아트북만 판매하는 책방, 음주 독서를 즐길 수 있는 책방, 책방지기가 고른 단 두 권의 책만 판매하는 책방도 있다. 그 밖에도 독특함으로 무장한 동네 책방이 많다. 독서모임 회원들과 나들이 삼아 이곳저곳으로 떠나보자.

독서모임 외 다양한 소모임 활동은 회원들의 관계를 더욱 돈독하게 다진다. 이 돈독함이 기다려지는 독서모임을 만드는 데 일조한다. 독서모임 회원들과 더 많은 시간을 함께 보내고 싶고, 더 자주 만나고 싶고, 만남이 의미 있다고 생각되면 모임은 오래간다.

8

상식을 깨는 책 읽기 방법

책을 처음부터 한 페이지씩 넘기며 순서대로 천천히 읽는 것은 전통적인 책 읽기 방식이다. 많은 독서가가 선호하는 독서법이다. 내용을 상세히 이해하면서 책을 소화할 수 있다는 장점이 있다. 그러나 전통 방식만 고수하며 책을 읽으면 책 읽기가 재미없어지거나 흥미가 떨어질 때가 생긴다.

책이 읽히지 않고 잡생각이 끼어들 때는 읽는 방법을 바꿔보자. 책을 읽는 방법은 생각보다 다양하다. 색다른 방법으로 책을 읽으면 일상적인 독서 경험이 더 풍부하고 흥미로워진다. 참여자들이 여러 가지 방법으로 읽기에 도전하고 효과적인 독서법을 공유하면 슬럼프를 극복할 수 있다.

빠르고 정확하게 읽기, '제한 시간 독서'

제한된 시간 내에 책을 빠르게 읽고, 내용을 요약해서 공유하는 독서법이다. 서로 다른 책을 읽는 자유독서모임에서 해보기를 권한다. 말이든 글이든 각자 편한 방식으로 읽은 내용을 공유하면 된다. 말로 할 때보다 글로 썼을 때 생각을 정돈하기 수월하지만 쓰기에 부담이 느껴진다면 무리할 필요 없다.

촉박한 시간이 읽기에 제약이 되지 않을까 걱정할 필요는 없다. 실제로 '제한 시간 독서'를 해보면 생각보다 빠르고 꼼꼼하게 책을 읽게 돼서 놀랄 것이다. 읽을 시간이 충분하다고 해서 제대로 읽는 것은 아니다. 오히려 '제한된 시간'과 '내용 공유'라는 압박감이 집중력을 최대치로 끌어올린다.

'제한 시간 독서'를 변주할 수도 있다. 참여자들이 모여 정해진 시간 동안 같은 책을 읽는다. 운영자는 책을 미리 읽고 독서 퀴즈를 만든다. 퀴즈의 난이도는 최하부터 최상까지 다양하고 난이도에 따라 배점을 달리한다.

퀴즈를 풀어서 점수가 가장 높은 사람에게는 보상이 주어진다. 보통은 적당한 금액의 문화상품권 또는 독서가들에게 유용한 독서 용품을 상품으로 지급한다. 상품은 운영자가 사비로 준비할 수도 있고 참여자들이 합의하에 부담되지 않는 선에서 모으기도 한다. 게임과 보상을 통해 읽기 효율을 높인다.

재미로 여는 퀴즈대회지만 상품이 걸려 있으면 투지가 불타오른다. 며칠을 붙잡고 있어도 안 읽히던 책인데, 언제 그랬냐는 듯이 빠르게 읽고 내용까지 파악하는 능력이 생긴다.

머리가 복잡하고 책이 읽히지 않을 때는 생각을 단순화해야 한다. 도전을 통해 작은 성취감을 느끼며 책 읽는 즐거움을 다시 찾을 수 있다. 제한 시간 독서의 목적은 세세하게 내용을 파악하고 분석하는 것보다는 진도가 안 나가는 책을 끝까지 읽을 수 있게 만드는 것이다.

등장인물이 헛갈릴 땐, '캐스팅 독서'

등장인물이 유난히 많은 책이 있다. 만약 첫 장에 인물 관계도 또는 가계도가 등장하는 책을 집어 들었다면 긴장해야 한다. 도저히 외워지지 않는 이름을 가진 주인공들이 얽히고설켜 있을 가능성이 높다. 대표적으로는 가브리엘 가르시아 마르케스의 『백년의 고독』이 있다. 나에게 독서 슬럼프를 안겨준 책이다.

이 작품은 우르술라과 호세 아르까디오가 마꼰도라는 도시를 건설하는 것을 그리고 있다. 이 둘은 사촌으로 둘 사이의 근친상간으로 인해 돼지 꼬리가 달린 자식이 태어날 것이라는 예언에 따라, 아무도 닿지 않는 곳에 새로운 도시를 세우기 위해 고향을 떠난다.

마꼰도의 고립은 오래가지 않는다. 시장의 등장, 내전, 철도의 건설,

외국인 바나나 공장의 건설 등의 사건을 통해 외부 세계와 접촉하게 되고 결말은 비극적이다. 특이한 점은 신화를 이야기 속에 도입해 환상적인 전개를 펼침으로써 사실주의에서 탈피한 것이다. 마르케스의 역작이며 수작으로 많은 독서가들이 꼭 읽어야 할 책으로 꼽는 작품이다.

그러나 가계도가 나올 때 알아차렸어야 했다. 호세 아르까디오 부엔디아, 아우렐리아노 부엔디아, 레메디오스, 호세 아르까디오, 아우렐리노 호세, 호세 아르까디오, 우르슬라 이구아란, 아마란따 우르슬라…. 『백년의 고독』 등장인물 중 일부를 나열한 것이다. 책장이 뒤로 넘어가지 못하고 첫 장에 있는 가계도로 돌아갔다. 도돌이표로 연주하듯이 가계도로, 가계도로. '이 사람이 누구였더라? 그러니까 이 사람이랑 저 사람이 어떤 관계였더라?'

그러다 보니 도저히 읽는데 몰입할 수 없었고 독서 슬럼프로 이어졌다. 생소한 라틴 아메리카 문학을 접할 수 있고 노벨상 수상 작가의 작품이라는 호기심으로 선택한 책이었다. 심지어 독서모임에서 함께 읽고 싶다고 강력하게 추천한 것도 나였다. 발제도 내가 맡기로 했다. 그러니 읽기를 멈출 수도 없는 노릇이었다. 어떻게 끝까지 읽었는지 기억이 안 날 정도로 꾸역꾸역 읽었다.

다행인지 불행인지 독서모임 참여자 일곱 명 중 세 명이 나와 비슷한 상태였다. 그날 모임을 한마디로 정리하면 '망했다.'라고 할 수 있다. 『백년의 고독』의 파장은 대단했다. 나뿐만 아니라 회원 전원이 책 읽기에 질려서 다음 모임 책을 완독하기까지 두 달이나 걸렸다.

이후에 독서모임에서 『토지』를 읽게 됐다. 책의 분량도 등장인물의 숫자도 어마어마했다. 오랫동안 함께 읽어 온 우리 독서모임에서도 쉽지 않은 도전이었다. 『백년의 고독』을 읽었을 때를 거울삼아 다시는 책에 지지 않겠다는 마음으로 읽었다.

우선 책을 읽으면서 주요 인물들이 등장할 때마다 독서일지를 썼다. 인물들의 성격, 외모, 행동, 특징을 꼼꼼하게 기록했다. 이 작품을 영화화한다면 각각의 등장인물에 어떤 배우가 어울릴지 생각해서 작품 속 인물과 배우를 연결했다. 어떤 배우를 캐스팅했는지 모임 구성원들과 공유했다.

등장인물이 많으면 헷갈리기 쉽다. 실제 인물을 대입해서 읽으면 배우의 얼굴이 떠오르면서 자연스럽게 해당 인물의 서사까지 잊히지 않는 효과가 있다. 또한 책의 내용이 더욱 생생하게 느껴진다. 며칠 동안 책을 덮었다 다시 읽어도 누군지 확인하기 위해 책의 처음으로 돌아갈 필요가 없다.

시간이 한참 지나서 다른 독서모임에서 『백년의 고독』을 다시 읽게 됐다. 캐스팅하면서 읽는 방법을 공유하고 함께 적용해 읽었더니 놀랄 정도로 책이 술술 읽혔다. 독서 슬럼프를 부른 책이라고 떠들고 다녔던 것이 무색하게 푹 빠져 읽는 내 모습에 머쓱해지고 말았다.

여러 가지 독서법을 알고 있는 독서가는 다양한 무기를 장착한 군인과도 같다. 슬럼프가 찾아올 때마다 그때그때 알맞은 무기를 꺼내 쓰면서 독서 위기를 이겨내야 한다. 독서모임 참여자들끼리 각각 어떤 무기를 가지고 있으며, 무기의 성능이 어떠한지 활발하게 공유하자. 위기를 극복하고 모임에 생기를 불어넣을 수 있다.

9

지자체 지원 사업 활용하면 효과가 두 배

모임을 시작하고 처음 2년 정도는 모임과 구성원이 함께 성장하는 시기이다. 서로의 성장은 동기부여가 되어 꿈을 갖게 한다. 다만 성장이 언제까지나 계속되지는 않는다. 시간이 지나면 모임도, 개인도 더 이상 발전하지 않고 정체되어 있다는 느낌이 든다. 뻔한 사람들과 뻔한 곳에서 뻔한 이야기를 나눈다는 생각이 들기도 하고 독서모임의 한계가 느껴지기도 한다. 이럴 때 공동의 가치와 목표를 설정하고 모임의 결속력을 다지기 위해 노력해야 한다.

지자체 지원 사업 등을 활용해 보는 것도 좋은 방법이다. 대부분의 지자체에서는 그 지역에서 활동하는 독서모임을 대상으로 독서공동체 지원 사업을 펼치고 있다. 〈생활문화 활성화 지원 사업〉, 〈독서공동체 지원 사업〉, 〈생활문화 공동체 지원 사업〉, 〈독서동아리 활성화 지원 사업〉, 〈생활문화 지원 사업〉 등 명칭은 다르지만 지원내용은 비슷하다.

사업의 규모가 꽤 크고, 책정된 지원금도 적지 않다. 다른 활동 없이 읽고 토론하기만 해도 혜택이 주어지니 놓치지 말고 지원하는 것이 이득이다. 지원 사업을 아는 사람들은 다양한 지원금을 받으며 실속 있게 모임을 키워가고 있으니 자세히 살펴보도록 하자.

독서공동체 지원 사업은 지역 곳곳에서 자발적으로 활동하는 독서모임을 발굴하고 공동체 활동을 발전시키는 것을 목적으로 한다. 더불어 지속적인 동아리 활동을 할 수 있도록 주민들의 활력을 증진하는 것이 사업의 목적이므로 크게 문제가 없다면 선정될 확률이 높다. 처음 시작하는 독서모임도 조건에 해당하면 얼마든지 지원할 수 있다.

보통 4~5인 이상으로 구성된 모임으로 해당 지역민 비율이 50% 이상이어야 한다거나, 지역 학습공간을 거점으로 활동하는 독서모임이어야 한다는 조건이 있다. 또는 지역 서점을 중심으로 활동하는 독서모임, 지역에서 조성된 독서모임이어야 한다는 조건을 요구하기도 한다. 자격 요건 중 한두 가지만 충족하면 지원할 수 있으므로 문턱이 높지는 않다.

각 지자체의 예산에 따라 지원 금액은 50만 원에서 200만 원까지 상이하며 간혹 그 이상인 지자체도 있다. 일반적으로는 독서모임 활동에 필요한 도서 구입비, 간식비, 소모성 물품구입비 등 활동비로 사용한다. 지자체의 사업 내용에 따라 독서모임 컨설팅을 통해서 모임을 보완하고 발전시킬 수 있는 전문가의 도움을 받을 수도 있다.

이 밖에도 생활문화 거점 연계 공간지원, 독서모임 역량 강화 교육, 워크숍, 독서모임 홍보 등 다양한 지원이 이뤄진다. 독서모임이 활동하는 지역의 지원 사업 내용을 꼼꼼히 따져보고 의미 있게 사용하면 좋겠다. 지원 시기는 1년에 한 번뿐이다. 2~3월 중에 모집하고 있으니 시기를 놓치지 않도록 주의해야 한다.

우리 독서모임도 벌써 수년째 독서문화공동체 지원 사업을 유용하게 활용하고 있다. 올해는 도서 구입비로 70만 원을 지원받았다. 지원금을 받는 만큼 모임 때마다 제출할 서류들이 있다. 지출 명세를 꼼꼼하게 기재해야 하고 활동 내용도 보고서로 작성해야 하지만 수고에 비해 누리는 혜택이 훨씬 크기 때문에 그저 감사할 따름이다.

도서 구입비로는 공통 도서를 인원에 맞춰 구매하고 남은 금액으로 각자 읽고 싶은 책을 산다. 공통 도서로 독서모임을 진행하고, 개인 도서로 구매한 책 중 일부를 모임 책으로 사용한다. 지원금으로 책을 구매할 때마다 올해도 모임에서 열심히 읽고 나누며 성장하고 싶다는 성장 욕구가 생긴다. 독서 의지가 고취되고 책에 대한 애정이 샘솟는다. 다른 회원들이 어떤 책을 골랐는지 살펴보는 것도 흥미롭다.

필사하는 데 지원금을 활용하기도 했다. 한때 회원들 사이에 화두는 '글쓰기'였다. 글쓰기 방법론을 다루고 있는 『유시민의 글쓰기 특강』을 함께 읽고 글쓰기의 필요성을 강하게 느끼고 있을 즈음이었다. 처음부터 글을 쓰는 것은 엄두가 나지 않으니 필사하면서 글쓰기의 시작을 같이하자는 데 의견이 모아졌다. 마침 지원금을 받을 수 있게 되어 필사하기 좋은 책으로 정평이 나 있는 『무진기행』을 각각 한 권씩 구매하고 필사 용품까지 마련했다.

우리는 몇 달 동안 꽤 열심히 독서모임 활동으로 필사를 겸했다. 『무진기행』 필사를 끝내고 모두가 본격적인 글쓰기를 시작한 것은 아니었지만 좋은 문장을 읽고 쓰고 익히는 것만으로도 의미가 있었다. 더불어 책을 효과적으로 읽을 수 있는 다양한 방법에 대해서도 생각해 보게 되었다.

독서모임 운영자들이 만나면 지자체 지원 사업을 어떻게 활용하는지에 대해서 공유한다. 모임마다 지원금을 사용하는 방법은 조금씩 달랐지만, 비용이 부담스러워서 그동안 시도하지 못했던 일들을 지원 사업 덕분에 해볼 수 있게 되었다는 점은 같았다. 지원을 받아 시작하게 된 활동은 주로 재미를 바탕으로 하는 활동인데 '재미'는 모임에 대한 기대와 결속을 불러온다. 잘되는 독서모임의 요건 중 '성장'과 '재미'는 필수 불가결하다.

L이 꾸리고 있는 독서모임은 그림책 독서모임이다. 작년에 지원 사업을 통해 그림책 작가 초청 강연회를 두 차례 열었다. 모임에서 다룬 그림책 중에서 가장 만나고 싶은 작가를 투표로 선정했다고 한다. 좋아하는

작가를 직접 섭외해서 만나는 것이 얼마나 흥분되는 일인지 책을 좋아하는 사람이라면 공감할 것이다.

L의 독서모임은 강연회를 마을주민에게 오픈했다. 참석을 원하는 사람들의 신청을 미리 받아서 지역민들과 함께했다. 덕분에 나도 강연을 들을 수 있었는데 강연 내용도 좋았지만 독서모임 회원들의 표정이 인상적이었다.

어림잡아 30여 명쯤 참석했는데, 사람들이 퇴장하면서 좋은 시간을 마련해주어서 고맙다는 인사를 회원들에게 건넸다. 미소 가득한 얼굴로 화답하던 회원들의 모습이 오래 기억에 남았다. 1년에 두 번이나 그런 경험을 했으니, 본인이 속한 독서모임에 대한 애정이 커지는 것은 당연하지 않을까.

강연회가 끝나고 운영자에게 회원들의 결속력이 남다른 것 같다고 하니 불과 몇 달 전만 하더라도 모임을 계속할지 말지 고민이 많았다는 답변이 돌아와 깜짝 놀랐다.

지자체 지원 사업에 제출할 서류를 함께 준비하고 면접 과정을 거치면서 하나의 목표를 갖게 됐고 흩어진 마음을 서서히 모으게 됐다고 했다. 게다가 외부인을 수십 명이나 초대한 저자 강연회를 기획하면서 더욱 각별한 사이가 된 것이다. 독서모임을 하는 입장에서 모임이 위기를 극복하고 계속 이어졌다는 이야기를 들으면 반갑다. 독서모임 지원 사업이 죽어가던 독서모임 하나를 살린 셈이다.

성장이 멈춰 있다고 느껴질 때 지자체 지원 사업을 적극 활용하면 지금 우리 독서모임에 필요한 배움의 기회를 얻을 수 있다. 다양한 독서 활동을 기획하고 즐기는 과정에서 회원들의 단합과 결속을 이룰 수 있다. 이런 노력이 독서모임에 대한 흥미를 높여 오래가는 독서모임을 만든다.

잘되는 독서모임을 꾸리려면,
알아 두어야 할 TIP

1 모임 구성원을 사랑하는 마음을 가져라.

2 모임의 격을 올리는 대화를 나눠라.

3 많이 읽기에 집착하지 마라.

4 좋은 논제를 만들기 위해 시간을 투자하라.

5 전통적인 읽기 방식에서 벗어나라.

6 소모임 활동으로 관계를 돈독히 하라.

7 모임이 시들해졌을 때는 소소한 이벤트를 적극 활용하라.

8 모임의 위기를 성장의 기회로 삼아 변화를 시도하라.

9 지자체 지원 사업으로 재미를 되찾아라.

4장

함께 읽으니 이래서 좋더라

1

내 삶에 책 친구가 있다는 것

어니스트 헤밍웨이의 대표작 『노인과 바다』는 한 인간의 불굴의 의지를 강렬하게 그려 낸 작품이다. 멕시코 만류에서 홀로 고기잡이를 하는 노인 산티아고는 84일째 아무것도 잡지 못했다. 같은 마을에 사는 소년 마놀린은 평소 산티아고를 좋아해 그의 일손을 도왔는데, 이번에는 그와 함께 배를 타지 못한다. 산티아고는 혼자 먼 바다로 나갔고 그의 조각배보다 훨씬 크고 힘센 청새치 한 마리가 낚싯바늘에 걸린다. 산티아고는 이틀 밤낮을 청새치와 사투를 벌인다. 손에 쥐가 나고 낚싯줄에 쓸려 상처를 입었으며 마실 물마저 다 떨어지자 포기하고 싶은 마음이 들지만 그는 마음을 다잡고 죽을힘을 다해 싸운 끝에 결국 청새치를 잡는다. 그러나 기쁨을 온전히 느끼기도 전에 물고기의 피 냄새를 맡은 상어 떼가 산티아고의 배를 쫓아온다. 그는 얼마 남아 있지 않은 힘을 끌어모아 상어 떼와 싸우지만 뭍으로 돌아와 확인해 보니 힘겹게 잡은 청새치는 머리와 몸통의 등뼈만 앙상하게 남아 있다. 어부들은 산티아고의 뱃전에 매달린 거대한 뼈를 보며 감탄하고, 마놀린은 안타까움에 눈물을 흘린다. 마놀린과 짧은 대화를 나눈 산티아고는 이내 평온하게 잠이 든다.

처음 이 책을 읽었을 때 산티아고의 삶을 긍정하는 성숙한 태도, 장인정신, 불굴의 의지에 가슴이 벅차올랐다. 마지막 장을 덮은 후에도 도무지 감동이 가시지 않아서 책에 관한 이야기를 누군가와 나누고 싶었다.

"노인을 보면서 '진정한 승리'가 무엇인지 생각해 보게 됐어. 비록 청새치는 뼈만 남았지만, 나는 노인이 승리한 것이라고 생각해. 네 생각은 어때?"

"너라면 상어들이 공격하는데도 물고기를 매달고 달렸을 것 같니? 아니면 상어의 공격에서 자신을 보호하기 위해 물고기를 놓아줬을 것 같니?"

"고기와 싸우는 것이 힘에 부치자, 노인은 술집에서 팔씨름했던 일을 떠올렸어. 부두에서 가장 힘이 센 사람과 대결했는데 사람들의 예측을 깨고 노인이 상대를 이겼거든. 혹시 너도 노인처럼 한계를 넘어 본 경험이 있니?"

책에 대한 이야기를 나누고 싶어서 친구에게 질문을 퍼부었다. 친구는 『노인과 바다』를 읽어본 적이 없다고 했다. 나는 간략한 줄거리와 등장인물의 성격, 그들이 처한 상황을 친구에게 상세하게 설명하고 질문을 쏟아냈다.

당연히 책에 대한 대화와 토론은 길게 이어지지 않았다. 지금 생각해보면 책에 관심이 없던 친구가 얼마나 황당했을까 싶다. 친구에게는 곤혹스러운 시간이었을 것이다. 독서모임을 하기 전에 나는 이런 실수를 종종 저지르곤 했다.

좋은 책을 읽고 나면 책에 대한 생각으로 머릿속이 꽉 찰 때가 있다. 때로는 해결되지 않은 질문에 답을 찾고 싶어서, 때로는 감동으로 벅차올라서 누군가에게 책 이야기를 쏟아내고 싶어진다.

다른 사람은 어떻게 읽었을지 궁금하고, 책의 뒷이야기와 책 너머의 이야기까지도 함께 나누고 싶다. 한마디로 책에 관한 모든 이야기를 나누고 싶은 것이다. 가족이나 친구가 받아주면 좋겠지만 책에 대한 공감대가 없으니 쉽지 않은 일이다. 그들 역시 매번 들어주기 힘들고 이쪽에서도 호응이 없는데 혼자 떠들다 보면 맥이 빠진다. 책 친구가 필요한 순간이다.

독서모임에서 만난 책 친구들과는 책 이야기라면 얼마든지 할 수 있다. 심지어 많이 하면 할수록 더 좋아하는 사람들이다. 그들과는 몇 시간이라도 책에 관한 이야기를 아쉬움 없이 나눌 수 있다. 책 친구들 덕분에 같은 책을 사람마다 완전히 다르게 해석한다는 사실을 깨달은 뒤로는 일상에서도 다름을 받아들이게 됐다. 서로 다른 의견을 건강한 방식으로 꾸준히 나누면 "어떻게 그럴 수 있어?"가 아니라 "그럴 수도 있지." 또는 "너는 그렇구나."가 가능해진다. 혼자 읽을 때는 할 수 없는 신기하고 특별한 경험이다.

"너 자신을 알라." 자신의 무지함에 대해 알라는 뜻이다. 자기의 무지를 아는 철학적 반성이 중요하다고 설파했던 소크라테스는 이 격언을 철학적 활동의 출발점에 두었다.

자기 자신을 아는 것은 어려운 일이다. 자신의 무지함을 알지 못하는 사람들은 남에게 쉽게 충고한다. 본인의 무지를 깨달은 자는 감히 타인에게 충고할 수 없다.

책을 제대로 읽지 않으면서 많이 읽은 사람들은 위험하다. 오랫동안 혼자서만 읽은 사람들은 자신의 가치관과 자신이 속한 세계만이 옳다고 믿는 오류에 빠지기 쉽다.

왜 책 친구가 있어야 하는지 단 하나의 이유를 꼽아야 한다면 겸손함을 배울 수 있기 때문이라고 하겠다. 책 친구들은 나를 겸손하게 만든다. 그들은 내가 얼마나 편협했는지 알게 해주는 존재이다. 자신의 무지함을 깨닫고 인정하는 것에서부터 '겸손'이 시작된다.

돌이켜보면 사회에서 맺은 인연은 대부분 크고 작은 이해관계로 얽혀 있었다. 직장에서 맺은 관계는 말할 것도 없고 아이를 키우면서 알게 된

인연도 마찬가지다. 내 편이라고 철석같이 믿었다가 결정적인 순간에 본인의 득실을 따져 돌아선 사람들로 인해 쓴맛을 본 경험이 누구에게나 있을 것이다.

책 친구들은 달랐다. 책 친구들은 사심이 없어서 좋았다. '내 생각을 있는 그대로 말해도 될까?', '나를 이상하게 생각하면 어쩌지?', '불이익을 당하지는 않을까?'라는 생각을 할 필요가 없다. 눈치 볼 필요도 없고 쓸데없이 에너지를 소모하지 않아도 되는 사람들이다.

책을 읽고 하나의 주제로 깊이 있고 솔직하게 토론하다 보면 누구보다 서로를 잘 이해하게 된다. 켜켜이 쌓인 믿음은 포장 없이 생각을 털어놔도 괜찮은 성숙한 관계를 맺게 한다. 그런 친구들 앞에서 나의 부족함을 드러내는 것이 부끄럽거나 민망할 리 없다. 오히려 무지를 깨닫게 해줘서 감사한 마음이 앞선다.

물론 독서모임에서도 자신을 감추려는 사람들이 있다. 경력이나 학식을 부풀려 대단하게 보이고 싶어 하는 사람도 있다. 진실함이 빠진 대화는 금방 티가 나기 마련이다. 대화가 겉돌고 주제 안으로 깊이 들어가지 못한다. 남는 건 공허함 뿐이고 관계가 발전할 수 없음은 말할 것도 없다. 경험에 비추어 보면 그런 사람들은 모임에 몇 번 참석하다가 대개 스스로 견디지 못하고 더 이상 나오지 않았다.

독서모임에서 많은 사람을 만나고 헤어졌지만, 책으로 맺은 인연은 하나같이 특별했다. 아무리 좋은 책 친구들이라 할지라도 의견이 첨예하게 대립할 때도 있고 관계에 찬바람이 부는 날도 있다. 그런데도 지나고 나면 다양한 견해가 자유롭게 오가는 것은 늘 즐거운 일이었다. 나와 생각이 다르면 배울 점이 있어서 좋았고 생각이 비슷하면 마음이 맞아서 좋았다. 팽팽하게 맞서며 대화의 기술까지 터득할 수 있으니, 일석삼조가 아니겠는가. 책 친구들과 독서 경험을 공유하고 서로를 격려하며, 책과 사람을 더욱 깊이 이해할 수 있었다.

2

함께라면 벽돌책도 격파!

책을 좀 읽는다는 사람들에게 벽돌책 읽기는 로망이자 과제이다. 누군가에게는 버킷리스트 중 일부이다. 어디 가서 '책 읽는 사람'이라는 티를 내야 할 때도 벽돌책이 유용하게 쓰인다. 물론 벽돌책이라는 단어조차 생소한 사람들도 있다. 벽돌책은 말 그대로 벽돌을 닮은 책이다. 적벽돌 한 장의 두께만큼 두꺼운 책을 가리켜 벽돌책이라고 부른다. 무겁고 두꺼울 뿐 아니라 어려워 보이기까지 한다면 벽돌책의 조건을 어느 정도 갖췄다고 생각해도 무방하다.

벽돌책의 분량에 대한 기준은 사람마다 달라서 어떤 사람은 500쪽부터 벽돌책이라고 부르고, 어떤 사람은 700쪽은 되어야 벽돌책이라고 한다. 명확한 기준은 없다. 우리 모임에서는 500쪽 이상이면 벽돌책이라고 부른다.

분야별 대표적인 벽돌책으로는 예술 부문의 『서양미술사』(에른스트 곰브리치, 688쪽), 과학 부문의 『코스모스』(칼 세이건, 584쪽), 역사 부문의 『총,균,쇠』(재레드 다이아몬드, 752쪽), 인문 부문의 『인간 본성의 법칙』(로버트 그린, 920쪽), 문학 부문의 『돈키호테 1』(미겔 데 세르반테스 사아베드라, 784쪽), 『돈키호테 2』(미겔 데 세르반테스 사아베드라, 922쪽)가 있다.

분량을 열거하는 것만으로도 숨이 막히고, 중압감이 밀려온다. 읽어본 사람은 드물지만 누구나 한 번쯤은 들어본 적이 있는 책들이다. 책장에 장식용으로 사용되기도 한다. 존재감이 확실한 벽돌책은 가까이하기에는 부담스러운 책이다. 특히 일단 읽기 시작하면 끝을 내야만 하는 성격의 사람들은 시작할 엄두조차 내지 않는다. 함께 읽기의 힘은 벽돌책을 읽을 때 진가를 발휘한다.

독서모임을 시작한 지 몇 년이 지나자 변화가 필요했다. 매주 한 권의 책을 읽고 돌아가면서 발제하는 형태를 지속하다 보니 모임에 긴장감이 사라지고 익숙해졌다. 이야기를 나누는 것은 여전히 즐겁고 유익했지만 다른 활력이 필요하던 시점이었다.

마침 당시 회원 중에는 배움의 열정이 넘치는 사람이 많았다. 지식의 공백을 메꾸고 싶다는 열망이 모임 안에서 피어나고 있었다. 이때다 싶어 벽돌책을 함께 읽으면 어떻겠냐는 제안을 했다.

회원들의 반응은 둘로 갈렸다. 매주 한 권을 읽는 것도 쉽지 않은데 "벽돌책이라니 말도 안 된다. 발제는 어떻게 해야 하느냐?"라는 반응과 "꼭 도전해 보고 싶었는데 잘됐다."라는 반응이었다. 읽어 보자는 의견이 다수이긴 했지만 부담을 느끼는 회원도 배려해야 했다. 우선 시험 삼아 딱 한 권만 읽어보기로 했다.

모임 횟수도 줄였다. 책이 두꺼워서 일주일에 한 번의 만남이 의미가 없었다. 나눌 이야기를 알차게 모아서 한 달 뒤에 만나기로 했다. 완독까지 기간은 두 달로 정했다. 첫 번째 벽돌책으로는 자연과학 분야의 스테디셀러, 칼 세이건의 『코스모스』가 선정됐다. 무려 600여 쪽 분량의 책이었다. 이때만큼은 '깊이 읽기'라는 모임의 원칙을 내려두고 '끝까지 읽기'를 목표로 삼았다.

두 달 안에 『코스모스』를 완독하려면 주말을 제외하고 하루에 14쪽을 읽으면 된다. 그동안 책 읽는 근육을 단련시켜 왔다면 14쪽은 거뜬히 읽어낼 수 있는 분량이다. 사람마다 읽는 속도가 다르기는 하지만 어려운 부분을 공부해 가면서 읽는다고 하더라도 한 시간이면 충분히 읽을 수 있다.

두 달 동안 단체 대화방에 각자 어디까지 읽었는지 매일 인증했다. 인증을 부담스럽게 느낄까 봐 해야 하나 말아야 하나 망설였지만, 완독하려면 약간의 강제성을 부여해야 한다고 판단했다. 인증하는 방법은 자율에 맡겼다.

어떤 사람은 읽은 부분까지 사진만 찍어서 인증했고, 어떤 사람은 읽으면서 느낀 점이나 읽은 내용을 요약해서 공유했다. 독서모임 초기라면 불가능했겠지만 쌓아온 내공이 있기에 가능했다.

발제자는 따로 정하지 않았다. 600쪽에 가까운 벽돌책의 발제를 하고 싶은 사람은 없다. 대신 모두 발제자가 되기로 했다. 모임이 있는 날, 각자 논제를 세 개씩 뽑아오면 모두 합쳐서 이야기를 나누기로 했다. 그렇게 우리는 계획한 대로 두 달 만에 『코스모스』를 완독했다. 벽돌책과 씨름하면서 모르는 분야의 지식을 넓혀갔다. 뜻깊은 시간이었고 함께 읽으면 벽돌책도 읽을 수 있다는 자신감을 얻었다.

『코스모스』 완독 이후 우리의 선택은 다시, 벽돌책이었다. 두 달 전 벽돌책 읽기를 제안했을 때 망설이던 회원들도 『코스모스』를 읽고 달라졌다. 함께 읽으면 600쪽 정도는 얼마든지 읽을 수 있다는 자신감이 넘쳤다. 다음 타깃은 에른스트 곰브리치의 『서양미술사』였다. 앞서 어려운 책을 읽었기 때문일까? 『서양미술사』를 읽으면서 회원들이 느끼는 바가 같았다. 두꺼운 책이 술술 읽힌다고 했다. 곰브리치가 워낙 책을 재미있게 쓰기도 했지만 단지 그것 때문만은 아니었다.

우리는 당초 완독 목표일보다 2주나 앞당겨서 책 읽기를 끝냈다. 완독 자체가 목표였던 첫 번째 벽돌책 읽기와는 다르게 이번에는 서로 관련 서적을 찾아보고 공유하면서 배움에 대한 갈망을 채웠다. 인증하는 방식도 바꿨다. 그날 읽은 내용을 바탕으로 짧은 감상을 나누는 것으로 인증을 하니 모임을 안 해도 생각할 거리가 생겨서 좋았다.

『서양미술사』는 벽돌책 완독의 기쁨을 넘어서 또 다른 재미를 안겼다. 회원들과 처음으로 함께 미술관 탐방을 했고 책과 그림에 대한 이야기를 나누었다. 마침 한가람 미술관에서는 '20세기, 위대한 화가들: 르누아르에서 데미안 허스트까지 展'을 전시 중이었다. '인상주의', '야수주의', '입체주의', '초현실주의' 등 책에서 함께 읽고 공부했던 용어와 그림들을 전시회에서 만났을 때의 짜릿함이란!

그해 우리 모임의 벽돌책 읽기는 빌 브라이슨의 『거의 모든 것의 역사』로 6개월의 대장정을 마무리했다. 유머러스한 필치로 '빅뱅에서 인류 문명의 출현까지' 세상 거의 모든 것의 역사를 아우르는 빌 브라이슨의 작품은 대단했다. 558쪽 정도는 한 달이면 읽어버리는 회원들의 독서력도 대단했다.

지금은 취업, 복직, 이사 등 개인 사정으로 모임을 함께할 수 없지만 당시 독서모임 회원들을 만나면 아직도 벽돌책 이야기를 한다. 우리는 그해를 벽돌책 세 권을 읽은 해로 기억한다.

그 후로도 독서모임에서 정기적으로 벽돌책을 읽었다. 벽돌책에는 책의 두께만큼 묵직한 사유가 있다. 사유의 바다를 헤엄치는 경험만으로도 벽돌책은 충분히 읽을 만한 가치가 있다.

어지간한 의지가 있지 않은 한 벽돌책을 혼자 완독하기는 힘들다. 도저히 혼자서는 읽을 엄두가 나지 않는 책은 무조건 '같이 읽기'를 추천한다. 장담하건대 매일 조금씩, 함께 읽으면 끝까지 읽을 수 있다. 벽돌책 격파, 독서모임에서 해보자.

3

같은 책을 다른 시선으로 보기

사례 1. 『호밀밭의 파수꾼』

“호밀밭에서 아이들이 절벽으로 떨어지지 않게 잡아주는 파수꾼이 되고 싶다는 주인공 ‘홀든’의 순수성을 끝까지 지켜주고 싶었어요. ‘홀든’은 분명히 좋은 어른으로 성장할 거예요. ‘홀든’과 같은 시기를 관통하고 있는 청소년들이 꼭 이 작품을 읽어봤으면 좋겠어요.”

“‘홀든’의 치기 어린 방황과 일탈이 읽는 내내 불편했고 참기 힘들었어요. 독서모임 지정도서만 아니었다면 아마 읽기를 멈추었을 겁니다. 이 작품이 도대체 왜 청소년 권장도서인지 이해할 수 없어요.”

사례 2. 『그리스인 조르바』

“남성 우월주의적 시각과 여성을 멸시하는 ‘조르바’의 태도가 불쾌했어요. 이 작품에서 여성은 남성이 보호해야 하는 수동적 존재일 뿐이더군요. 도덕이나 윤리를 존중하지 않는 '조르바' 같은 인물만 있다면 사회가 제대로 돌아갈지 모르겠네요. 이 책은 오래 기억에 남을 것 같아요. 매우 불쾌했던 기억으로요."

"자신의 감정을 속이지 않는 자유로운 '조르바'에게 푹 빠졌습니다. 어떻게 살아야 후회 없는 삶을 살 수 있을지 그를 통해 깨달았어요. 머뭇거리는 일이 없고 무엇보다 현재에 충실한 삶을 사는 '조르바'처럼 살고 싶다고 생각했어요."

사례 3.『인간 실격』

"허위로 가득한 세상에 반발하면서도 맞서 싸우지 못하고 파멸해 가는 '요조'를 이해할 수 없었어요. 왜 아무것도 하지 않는 건지. 시종일관 수동적이고 냉소적인 모습에 기운이 쭉쭉 빠지더라고요."

"주인공 '요조'에게서 제 모습이 보였어요. '요조'의 생각과 행동에 깊이 공감했고 그동안 누구에게도 이해받지 못했던 제 모습을 '요조'가 어루만져 주는 듯했어요."

놀랍게도 독서모임에서 같은 책을 읽고 나눈 정반대의 감상이다. '이 책을 이렇게 읽는다고?' 독서모임을 하면서 가장 놀랐던 지점이다. 한 권의 책을 이렇게까지 완전히 다르게 읽을 수 있다니! 신선한 충격이었다.

이것이야말로 독서모임의 매력이다. 함께 읽기를 통해 다양한 생각을 공유함으로써 미처 생각해 보지 못한 관점으로 책을 새롭게 읽을 수 있다. 같은 작품을 읽더라도 서로가 살아온 시대, 문화적 배경, 연령, 성별, 자녀의 유무 등에 따라 다르게 읽힌다.

독서모임에서는 각자의 경험과 가치관을 바탕으로 다양한 해석과 이야기를 나눌 수 있다. 경험이 다른 사람들과 서로 다른 해석을 공유함으로써 사고의 크기가 확장되는 것은 매우 흥미로운 일이다. 미처 생각하지 못했던 부분이 보이고 편견이 깨지기도 한다.

앞서 예를 든 것처럼 소설 속 등장인물의 행동에 대해 누군가는 그를 영웅적으로 해석하고 다른 누군가는 그를 도덕적으로 문제가 있는 인물로 해석한다. 사례에 언급된 책뿐만 아니라 함께 읽는 거의 모든 책에서 비슷한 경험을 했다.

문학뿐 아니라 비평 작품을 읽을 때도 다르지 않다. 각자 다른 문학 이론을 적용해 분석하거나, 서로 다른 접근 방식으로 작품을 해석한다. 이런 경험을 통해 통찰력을 얻을 기회를 얻게 된다.

독서모임을 하려는 사람들이 늘어나는 것은 이처럼 혼자 읽기에서는 결코 알 수 없는 것들을 함께 읽기를 통해 배울 수 있기 때문이다. 해석이 어려웠던 부분이 사람들과 토론하는 과정에서 자연스럽게 이해될 때는 일종의 카타르시스까지 느껴진다.

모임을 함께 한 사람 중에서 독서모임을 시작하고 부부, 자녀, 직장동료 등 인간관계에 변화가 생겼다고 하는 분들도 있다. 이전보다 긍정적인 방향으로 발전했다는 것이다. 책을 읽고 나누는 것에서 그치는 것이 아니라 생활 속에서 힘들게 했던 문제가 해결됐다고 했다. 책을 읽었을 뿐인데 꼬였던 관계가 회복된다니. 어떻게 그런 일이 가능할까?

K는 독서모임을 하면서 꽤 극적인 변화를 겪었다. K가 독서모임에 참여한 첫날이 기억난다. 그녀는 대화의 흐름을 잘 이해하지 못했다. 딴생각을 하고 있다는 것을 처음 보는 사람들도 눈치챌 정도로 토론에 집중하지 못했다.

나중에 알게 된 바에 따르면 그녀는 어릴 때부터 어머니와 소통에 어려움이 있었다고 한다. K를 가장 힘들게 한 것은 지시하듯 강압적으로 이야기하는 어머니의 대화방식이었다. 언제부턴가 K는 어머니가 말할 때는 아예 듣지 않고 딴생각을 하게 됐다고 한다. 안타까운 것은 어머니뿐 아니라 다른 사람과 소통할 때도 '이 사람과는 말이 통하지 않는다.'라고 느껴지거나 '말을 해 봤자 소용이 없겠다.'라고 생각되면 대화에 집중하지 않았고, 그런 태도가 습관이 되어버렸다. 그녀는 본인이 듣고 싶은 말이나 필요한 말만 선택적으로 듣게 됐다. 시간이 지나면서 이런 태도는 K의 직장생활과 결혼생활을 비롯해 인간관계 전반에서 문제를 일으켰다.

그녀가 말하길, 독서모임에 와서 사람들과 대화하는 방법을 처음부터 다시 배웠다고 한다. 독서모임은 논제를 앞에 두고 서로의 의견을 듣고 토론하는 모임이다. 듣지 않으면 절대 말할 수 없다. 그녀는 모임에서 경청이 얼마나 중요한지 알게 되었고, 대화의 시작은 제대로 듣는 데서 비롯된다는 것을 느끼게 됐다.

듣기 싫은 말은 일부러 듣지 않고 회피하려고 했던 자기 모습을 정면으로 마주하고 듣는 연습부터 다시 했다. 매주 모임에 오면 집중해서 듣는 훈련을 했다. 깊이 있는 대화와 소통의 기회를 주기적으로 가지면서 인간관계에서 갈등이 조금씩 줄어들었다. 어머니와의 관계에도 서서히 변화가 생기기 시작했다. 독서모임을 통해 열 사람이 모인 곳에는 열 개의 생각과 열 개의 표현법이 있다는 것을 경험했고, 가족이라도 나와 같을 수 없음을 비로소 인정하게 됐다. 그때부터 어머니의 표현 방식보다 그 안에 담긴 말의 본질을 보려고 애썼고 모녀가 대화를 나누며 가끔은 웃을 수도 있게 되었다고 한다.

독서모임에서 한 권의 책을 읽는 것은 한 번에 열 권의 책을 읽는 것과 같은 효과가 있다. 내 생각이 정답이 아니라는 것을 깨달으면 나와 반대되는 견해를 듣고 이해하려고 노력하게 된다. 문제를 푸는 다양한 방법이 존재하고, 사람마다 각각 다른 해결책을 가지고 있다는 사실을 아는 것은 중요하다. 저 사람은 어떤 방식으로 문제를 해결하는지 궁금할 때, 비로소 타인의 이야기에 귀를 기울이게 된다. 이에 따라 꼬여 있던 인간관계가 개선되는 일도 생기는 것이다.

그래서일까? 모임 참석자들 사이에서는 '독서모임을 한 번도 안 해본 사람은 있어도 한 번만 하는 사람은 없다.'라는 농담을 주고받는다. 독서모임으로 다른 세상을 보는 경험을 한 사람들은 모임을 멈출 수 없다.

4

질문하고 사유하고 성찰하는 기쁨

"사유는 인간의 존재를 의미 있게 한다. 우리는 존재하는 동안에 사유를 통해 세상을 이해하고, 우리 존재의 의미를 탐구할 수 있다. 사유는 세상과 자기 자신을 이해하는 데 필수적인 도구이다."

– 『존재와 시간』 마틴 하이데거

인간이 자기 자신을 이해하고 세상을 이해하기 위해서는 사유해야 한다. 사유는 삶의 의미를 탐구하는 과정이며 '더 나은 나'와 '더 나은 세상'을 만들 수 있는 길이다. 사유는 곧 질문이다. 질문이 없다면 그저 생각에 그친다. 생각에 질문이 더해지면 사유할 수 있다. 스스로 끊임없이 묻고 답하는 동안 사유는 완성된다.

사유를 통해 주관적인 견해나 편견을 극복할 수 있으며, 논리적이고 객관적인 판단을 하게 된다. 꾸준히 사유하는 습관은 비판적 사고능력을 향상시킨다. 이것은 어려운 선택을 해야 할 때 최선의 결정을 할 수 있게 한다. 그뿐만 아니라 사유를 통해 내 감정의 원인을 파악하면 감정을 다스리는 적절한 방법을 찾게 되고 안정을 유지할 수 있다.

질문과 사유 이후에는 성찰의 단계로 들어서야 한다. '성찰'의 사전적 의미는 '지나간 일을 되돌아보거나 살핌', '자기의 마음을 반성하고 살핌'이다. 성찰을 통해 자기 생각과 감정을 깊이 있게 돌아보고 분석함으로써 현재의 문제를 깨닫게 되며, 나아가 미래의 계획을 세울 수 있다. 내적인 고찰을 통해 스스로를 되돌아보며 인생을 어떻게 살아야 하는지 자신만의 지도를 그릴 수 있다.

플라톤은 성찰이란 '지성의 전조'라고 말했다. 자신의 무의식을 발견하는 데 '성찰'이 큰 역할을 하며 성찰하는 인간만이 지성을 키울 수 있다고 믿었다.

성찰은 자신의 강점과 약점을 파악하고, 개선할 수 있는 방법을 찾게 한다. 이는 개인의 성장과 발전으로 이어진다. 하지만 성찰이 우리에게 주는 가장 큰 선물은 삶에 대한 감사와 만족이다. 성찰하는 사람은 사소한 일에도 만족할 줄 알고 감사하는 마음을 갖는다. 우리의 삶을 더 의미있고 풍요롭게 만들기 위해서는 사유와 성찰을 지속해서 실천해야 한다.

사유하기를 멀리하는 이유

그런데도 사람들이 사유와 성찰을 멀리하는 이유는 무엇일까? 요즘 사람들은 늘 시간이 부족하다. 바쁜 일상에서 사유와 성찰에 시간을 할애하는 것은 쉬운 일이 아니다. 살던 대로 살고 생각하던 대로 생각하는 것이 가장 편하다. 그렇게 살아도 큰 문제가 없는데 애써 자신을 돌아보는 데 시간을 쏟기에는 먹고사는 일이 바쁘고 힘들다.

고통을 감당할 만한 자신이 없어서 피하는 경우도 있다. 성찰을 위해서는 나의 바닥까지 바라볼 각오가 되어있어야 한다. 내면을 탐구하는 것은 때로 불편하고 아프다. 자신이 생각보다 형편없는 인간이라는 것을 알게 되면 받아들이기가 힘들다. 자신을 방어하고 싶다. 그러다 보니 성찰을 멀리할 수밖에 없다. 이 모든 괴로움을 넘어서는 것이 성찰이다. 그때에야 흔들림 없는 내면의 평화가 찾아온다.

독서모임은 사유와 성찰을 연습하기에 가장 쉽고 즐거운 방법 중 하나이다. 독서모임에서는 끊임없이 질문이 오간다. 모임에서 오가는 질문 덕분에 생각을 멈출 수 없다. 허를 찌르는 질문이 던져지면 새로운 관점으로 현상을 바라보게 된다. 독서모임을 통해 하나의 문제를 바로 보고 비틀어 보고 뒤집어 보는 경험을 하게 된다. 독서모임은 문제를 다양한 각도에서 관찰하는 법을 알려준다.

함께 읽으면 새로운 지식을 얻을 뿐 아니라 여러 가지 해석을 이해하려고 노력하는 과정에서 너그러움을 배우게 된다. 다양한 사람의 이야기와 경험을 나의 삶과 연결하면 세상을 더 깊이 있게 볼 수 있다.

그렇다면 책을 읽고 사유에 이르는 방법을 어떻게 연습해야 할까? 몇 가지 단계를 거쳐야 하지만 의외로 쉬운 방법으로 사유하기를 연습할 수 있다.

1단계, 일상에서 여유 찾기

눈코 뜰 새 없이 바쁜 사람이 있다고 가정하자. 24시간을 쪼개고 쪼개서 쓰는 그는 밥 먹을 시간도 없고 자는 시간도 부족하다. 이 사람이 자기 내면을 들여다보고 본인의 감정과 행동을 되돌아보는 것이 가능할까? 책을 읽으면서 질문하고 답을 찾아낼 수 있을까?

사유와 성찰을 위해서는 물리적인 시간이 필요하다. 하루에 10분이라도 좋다. 오롯이 책을 읽을 수 있는 시간을 마련하고 집중한다. 그 시간만큼은 휴대전화도 노트북도 꺼둔다. 책에 몰입해 읽고, 읽은 내용을 곱씹어 본다.

2단계, 의심하고 질문하기

읽는 동안에는 계속 의심해야 한다. 저자의 생각을 따라가지 않도록 노력한다. 책에서 제시된 의견이 무조건 옳다고 믿었던 독서 습관에서 벗어나 비판적으로 생각하면서 나의 가치관을 정리해 본다.

그리고 자기에게 질문을 던진다. "나라면 어떤 선택을 할까?", "등장인물의 행동 중에서 내 인생에 적용할 만한 것은 무엇인가?", "책의 결말에

동의할 수 있는가?" 등의 질문을 하면서 자기 생각과 감정을 파악한다.

3단계, 토론하기

독서모임이 빛을 발하는 순간이다. 독서토론으로 다른 사람의 의견을 들을 기회를 얻는 것도, 내 생각을 차분하게 정리해서 말로 표현하는 것도 사유의 과정이다. 독서모임은 토론하는 모임이고 듣고 말하며 사유하는 방법을 연습할 수 있다.

4단계, 읽고 또 읽기

책이 요물이라고 느껴질 때가 있다. 주로 이미 읽은 책을 다시 읽을 때 그런 생각을 하게 되는데 처음 읽을 때와 두 번째 읽을 때, 3년 전에 읽었을 때와 올해 읽을 때, 같은 책이 완전히 다르게 보이기 때문이다.

책은 한 번 읽고 끝내면 안 된다. 같은 책을 읽고 또 읽어야 한다. 누군가는 '읽은 책을 왜 또 읽어야 하지?'라고 생각하거나 '아는 책'이라고 두 번 읽지 않는다. 어떤 책에 대해서 안다고 생각하는 건 교만이다. 대단한 착각을 하는 것이다. 좋은 책은 읽을 때마다 깨달음을 얻는다. 이전에는 미처 보지 못했던 것이 보이고 하지 않았던 질문들이 떠오른다.

독서모임을 하면서 만난 책 친구들은 자신을 탐구하는 일을 두려워하지 않았다. 자기감정과 행동을 이해하려고 했다. 자신을 이해하는 것이 삶의 문제를 푸는 열쇠라는 것을 알고 있었다. 자신을 탐구하다 보면 결국 나에게 문제의 원인이 있었음을 깨닫게 될 때가 있다. 자기의 행동과 결정을 돌아보고 더 이상 남 탓을 하지 않게 된다.

또한 그들은 호기심이 많고 개방적이다. 삶을 주도적으로 이끌어가는 사람들이 독서모임으로 모인다. 삶의 주체성은 사유하고 성찰하는 사람들의 특징이다.

5

책태기 극복도 어렵지 않아

사람과 사람 사이에만 권태기가 있는 것이 아니다. 사람과 책 사이에도 권태기가 있다. 이른바 '책태기'라고 불리는 시기이다. 책 읽기에 흥미가 떨어지고 책만 읽으려고 하면 게으름이 피어오른다. 갑자기 더 중요한 일이나 급하게 처리해야 할 일이 생각나기도 한다. 아무리 책을 사랑해도 책태기가 한 번쯤은 오게 마련이다.

책태기는 예고 없이 갑자기 찾아온다. 지난주까지는 독서가 즐거웠는데 이번 주에는 책 읽기가 시들해지는 식이다. 이유가 뭘까?

다양한 이유가 있겠지만 내 경우에는 시간이 부족할 때 책태기가 시작되는 일이 잦았다. 갑작스럽게 업무가 많아졌거나 집안에 해결해야 할 일이 생겼을 때, 모임이 많아지는 등 바쁜 일상으로 읽을 시간이 줄어들 때 책 읽기가 싫어진다.

스트레스가 쌓일 때도 책과 멀어진다. 꾸준히 책을 읽는 사람들을 보면 대부분 정신적으로 건강하다. 스트레스는 피로와 불안을 유발한다. 이런 상태로는 당연히 책을 읽는 것이 힘들고 책의 내용에 집중할 수 없다. 안타깝게도 우리는 늘 크고 작은 스트레스에 노출되어 있다. 때로는 독서가 스트레스를 해소하는 방법의 하나가 될 수도 있지만 지나치게 높은 스트레스 상황에 놓여 있는 경우에는 독서도 회피하고 싶다. 책을 읽어야 한다는 마음마저도 부담이나 압박으로 느껴진다. 그럴 때는 눈으로는 책을 보고 있다 하더라도 독서의 즐거움을 느낄 수 없다. 지속적인 독서를 하려면 스트레스를 잘 관리하고 본인의 상태를 살펴 적절한 휴식을 취해야 한다.

관심 밖의 주제를 다루는 책을 읽을 때, 번역이 마음에 안 들거나 글쓰기 스타일이 맞지 않을 때, 가독성이 떨어지는 책을 읽을 때도 산만해진다. 휴대전화를 열었다 닫았다 하며 딴청을 피우다 결국에는 책을 덮게 된다. 조금만 쉬었다 읽을 생각이었는데 다시 펼쳐 읽기가 싫고, 이것이 책태기로까지 쭉 이어진다.

책 읽기 외에 다른 취미가 생겼을 때도 마찬가지이다. 세상에는 호기심을 자극하는 즐길 거리가 무궁무진하다. 다른 취미와의 경쟁에서 책이 밀려나면 책 읽기는 생각보다 빠르게 곁에서 멀어진다.

텔레비전, 유튜브, 영화 같은 매체들의 유혹을 이겨내지 못할 때도 있다. 취향을 저격하는 드라마를 만난다거나 세상 시름을 잊게 만드는 예능프로의 구애를 뿌리치기가 쉽지 않다. 하루 일과 중 독서를 위해 주어진 시간은 한정적인데 책 읽기보다 더 재미있는 것들이 나타나면 책이 우선순위에서 밀려난다. 디지털 매체의 발전으로 점점 다양한 형태의 콘텐츠가 생겨나고 있다. 그것들이 더 매력적으로 느껴질 때, 책이 영순위였던 독서가들도 변심하게 된다.

그러나 책은 여전히 지식과 경험을 넓히고 상상력과 창의력을 자극하는 매체라는 것은 반박할 수 없다. 누구에게나 찾아오는 책태기를 지혜롭게 극복해서 꾸준히 책 읽는 즐거움을 향유할 수 있기를 바란다.

다시 읽게 만드는 책 친구들의 열정

독서모임에 참여하는 것은 책 읽기에 대한 흥미를 되찾고 책태기를 극복하는 데에도 도움이 된다. 독서모임은 '책'이라는 동일한 관심사를 가진 사람들이 모여 함께 읽고 이야기를 나누는 공간이다. 물론 깊이 들어가면 '책' 안에서도 선호하는 장르나 분야가 있지만 기본적으로 책을 좋아한다는 공통점이 있다.

열심히 책을 읽는 사람들과 소통하고 교류하면서 그들의 독서에 대한 열정이 동기부여를 일으킨다. 함께 읽으면 내가 발견하지 못했던 의외의 재미 포인트를 찾을 수 있는데 이것이 사그라졌던 흥미를 되살리기도 한다. 좋은 글을 쓰는 작가를 알게 될 때도 있고, 새로운 책을 발견하는 기쁨이 느껴지는 순간도 있다. 읽고 싶은 책의 목록이 추가되고 확장되면서 독서 의지가 살아나고 더욱 풍부하게 책 읽는 즐거움을 느끼게 된다.

소속감과 연대 의식을 동력으로

독서모임 구성원이라는 소속감도 책을 꾸준하게 읽게 한다. 구성원들과 친밀한 관계 맺음이 형성되면 책과 멀어졌을 때 기다려 주고 지지해 주는 사람들이 생긴다. 그들에게서 다시 읽을 힘을 얻는다.

모임에서 느끼는 연대 의식은 책태기를 극복하는 동력이 된다. 서로의 해석을 나누면서 작품에 대한 이해가 깊어질 뿐만 아니라 구성원들이 느낀 감동까지 전달받는다. 이때 구성원들은 서로의 마음이 연결되어 있다는 연대감을 느낀다. 이것은 나와 같은 생각을 하는 사람들을 만났을 때의 안도감과는 다르다. 생각은 다르지만 마음은 연결되어 있어 내가 어떤 견해를 이야기하더라도 이해받을 수 있을 것이라는 믿음에 가깝다.

그래서인지 오래된 독서모임은 구성원들이 서로를 향한 신뢰가 강하다. 독서모임을 오래 하면 서로 각별해지는 이유이다. 충만하고 만족스러운 삶을 사는 사람들은 깊이 있는 관계 맺음을 한다. 독서모임에서는 그런 관계를 맺을 수 있다.

독서를 즐기는 사람들과의 교류는 서로에게 영감을 준다. 좋은 사람들과 보내는 시간을 기다리게 된다. 그 사람들과 만나려면 책 읽기가 선행되어야 하므로 다시 읽을 수밖에 없다.

내용은 쉽고 메시지는 단단한 작품으로

우리 독서모임에서는 책태기를 겪고 있는 구성원이 있을 때는 가볍게 읽을 수 있는 책을 선정한다. 단편 소설이나 만화책처럼 분량이 길지 않고 쉽게 읽히면서도 메시지는 단단한 작품을 골라 흥미를 유발한다.

장르적인 변화를 주기도 한다. 그동안 모임에서 다루지 않았던 장르의 책, 인터뷰집, 비평, 음악, 미술, 시 등 새로운 주제와 형식의 책을 선정해 책 읽는 재미를 찾을 수 있게 돕는다. 공동의 독서 목표를 설정하고 함께 달성하면서 독서에 대한 동기부여가 일어난다.

안타깝게도 책태기는 전염되는 특징이 있다. 모임 구성원 중 누군가가 책에서 멀어지는 바람에 완독하지 못하고 모임에 참석하거나, 다 읽지 못했다는 이유로 모임에서 빠지면 전체 분위기가 흐려진다. 함께하는 이들도 김이 새서 읽기가 싫어진다. 그러니 책태기가 시작된 구성원이 있으면 서로 배려하면서 최대한 빨리 극복하도록 돕는 노력이 필요하다.

독서모임에 참여하는 것은 지식의 확장, 신뢰감 형성, 감정공유, 연대의식 형성, 읽고 나누는 즐거움 등 다양한 가치를 발견할 수 있다는 점에서 매력적이다. 이러한 가치의 중요성으로 인해 가끔 책과 멀어졌다가도 결국 다시 읽게 된다.

6

소통의 기술까지 잡을 수 있는 함께 읽기

책을 읽는 사람들은 표현력이 남다르다고 느낄 때가 있다. 의사를 전달하는 데 어려움을 느끼거나 표현력이 부족하다고 생각된다면 책 읽기를 추천한다. 책을 읽으면 다양한 언어적 표현을 마주하게 된다. 일상적으로 쓰이는 표현뿐 아니라 평소에는 사용하지 않는 표현도 자주 접한다. 이를 통해 언어 능력이 향상되는 것은 물론이고 상황에 맞는 어휘를 정확하게 골라 쓸 수 있다. 생각을 더욱 효과적으로 전달하는 방법을 터득하게 되는 것이다.

복잡한 문장 구조를 해석하는 연습을 반복하는 것도 책을 읽는 사람들이 표현력이 좋은 이유 중 하나이다. 다양한 문장구조를 익히며 문장의 흐름을 파악하면 글이나 말로 표현하는 것이 자연스러워진다.

책을 통해 얻는 여러 분야의 지식은 누구와 만나더라도 이야깃거리가 떨어지지 않게 하고 대화의 질을 높이는 역할을 한다. 어떤 주제가 나온다고 하더라도 기본 수준의 지식만 갖추고 있으면 두려움 없이 대화를 시작할 수 있다. 꾸준한 독서가 그것을 가능하게 한다.

책 속에 등장하는 인물들이 감정을 드러내거나 삼키는 방법을 보고 느끼며 자신의 감정을 전달하는 데 도움을 얻기도 한다. 감정을 분출하는 것이 쉽지 않다면 문학작품과 가까이하기를 권한다.

그러나 소통하는 능력은 또 다른 문제다. 오랫동안 혼자서 책을 읽은 사람 중에는 모임에서 환영받지 못하는 경우도 있다. 그동안 습득한 지식과 언어능력이 자칫하다가는 잘난 척하는 사람으로 비치기 때문이다. 본인도 모르게 '내가 책을 얼마나 많이 읽었는데', '내 말이 틀릴 리가 없다'는 식의 교만함이 내면에 싹튼 것이다. 그래서인지 그들은 다른 견해가 나왔을 때 상대방의 이야기를 무시하는 모습을 보이거나 공격적인 태도로 받아치기도 한다. 혼자 읽기를 잘못했을 때 생기는 부작용이다.

다행스럽게도 독서모임은 이런 사람들이 소통의 기술을 익힐 수 있는 대화의 장이 펼쳐진다. 독서모임에서는 '듣는 연습'을 할 수 있다. 대화와 소통은 듣는 것에서부터 시작된다. 독서모임은 대부분 진행자 또는 발제자가 있다. 한 사람이 상식을 넘어설 정도로 시간을 많이 쓰거나, 상대방의 이야기를 듣지 않고 가로챌 때는 진행자가 제지하거나 조율해서 듣게 만든다. 듣는 연습은 상대방의 의견을 이해하고 공감하는 결과를 낳는다. 공감하면 질문하게 된다.

질문할 때는 되도록 공격적인 질문은 피한다. 토론 참여자들이 착각하는 것 중 하나가 공격적인 질문을 해놓고 '예리한 질문'을 했다고 생각하거나, '정곡을 찌르는 질문'을 했다고 만족하는 것이다. 공격적인 것과 예리한 것은 다르다. 건강한 질문은 대답으로 이어지고 '주거니 받거니'가 가능해진다. 질문을 하고 대화가 이어지지 않는다면 내 질문에 문제가 없었는지 돌아봐야 한다. 건강하지 않은 질문은 대화가 뚝뚝 끊기는 결과를 초래한다.

더불어 질문하는 사람은 마음을 열고 어떤 답변이든 받아들일 준비부터 해야 한다. 내가 듣고 싶은 답변이 아니거나 내 의견과 다르더라도 상대방의 이야기가 끝날 때까지는 반박하지 않고 듣는다. 이렇게 반복적으로 듣는 연습을 하면 소통이 원활해진다.

경청한 후에는 책을 읽으며 길러온 표현력을 활용하면 된다. 독서모임에서는 상대방의 견해에 대해 적절한 근거와 예시를 들어 토론하는 법, 서로의 의견을 존중하고 예의를 갖춰 비판하는 태도를 배울 수 있다.

토론할 때는 상대방을 설득하려고 하기보다는 내 생각을 잘 전달하는 것에 집중해야 한다. 이야기가 지루하게 늘어지면 하고 싶은 말을 효과적으로 전달할 수 없다. 독서모임에서 지속해서 토론하면, 명확하고 간결하게 표현하는 방법을 자기도 모르게 익히게 된다.

독서모임에서도 유난히 소통을 잘하는 사람들이 있다. 소통을 잘하는 사람들은 당연히 토론도 잘한다. 그들은 일반적으로 다음과 같은 특징을 갖고 있다.

첫째, 상대방의 의견을 들을 때 다른 사람들보다 진지한 태도로 귀를 기울인다. 그렇기 때문에 중요한 내용을 놓치지 않는다. 눈을 맞추고 공감이 되는 부분에서는 적극적으로 고개를 끄덕인다거나 추임새를 넣으며 반응한다. 표정이나 몸의 움직임과 같은 비언어적 신호를 적절하게 활용할 줄 안다.

둘째, 듣는 사람의 입장에서 생각한다. 복잡한 개념이나 의견을 설명할 때는 최대한 쉬운 표현으로 핵심을 정확히 짚어서 간결하게 전달한다. 이해를 돕기 위해 적절한 예를 활용한다. 듣는 사람이 이해하고 있는지 말하는 도중에 확인하면서 전달하기 때문에 청자의 몰입도가 높다.

셋째, 긍정적인 태도로 대화한다. '어떻게 반박할까?'를 생각하기보다는 상대방과의 대화 자체를 즐기려고 한다. "그렇게 생각할 수도 있구나.", "새로운 관점이라 흥미로운데!"라는 태도를 보인다. 그래서일까? 이들의 피드백은 비판보다는 문제를 해결하고 발전시키는 방향으로 이뤄지며 건설적이고 미래지향적이다.

넷째, 질문을 잘한다. 적절한 질문을 던져서 깊이 있는 대화를 이어 나간다. 상대방의 의견을 자세히 알아보고, 그들의 생각과 감정을 이해하기 위해 질문을 잘 사용할 줄 안다. 귀 기울여 듣지 않으면 좋은 질문을 할 수 없다. 좋은 질문으로 상대방의 호감을 얻은 상태에서 대화가 이어진다.

다섯째, 인내심이 있다. 대화를 나누다 의견이 충돌하거나 이해하기 어려운 상황이 발생할 때 이들은 뛰어난 인내심을 보여준다. 언성을 높이거나 화를 내는 법이 없다. 자신의 감정을 과도하게 드러내지 않고 부정적인 반응을 보이지 않는다. 심지어 그들은 상대방이 감정을 가라앉히기를 기다린다. 그 후에 차분하게 다시 대화를 이어 나간다.

여섯째, 자존감이 높다. 토론하다가 자기주장이나 근거에 오류가 발견되면 쓸데없는 자존심을 앞세워 억지를 부리는 사람들이 있다. 그런 사람들은 틀렸다는 것을 알면서도 인정하지 않고 어깃장을 놓는다. 소통을 잘하는 사람들은 다르다. 잘못 생각한 부분은 즉시 인정하고 수긍한다. 이런 태도는 높은 자존감과 연결되어 있다.

이런 특징을 갖는 사람들은 좋은 대화를 자연스럽게 끌어나간다. 한국 사회에서는 토론이 일상적으로 이뤄지지 않으니 독서모임이 아니라면 건강한 토론을 하는 사람을 만날 기회가 흔치 않다. 독서모임을 오래 한 사람들은 자신도 모르게 상대방이 토론하는 모습을 보면서 장점을 배우고 소통의 기술까지 터득하게 된다.

7

성장과 배움을 꿈꾸는 사람들

"친구를 보면 그 사람을 알 수 있다." 어릴 때는 허투루 듣던 어른들의 잔소리이다. 어른의 나이가 되어보니 잔소리가 아니라 얼마나 주옥같은 말씀이었는지 깨닫게 된다.

'물이유취(物以類聚)', 사물은 종류대로 모이고 같거나 비슷한 부류끼리 어울리게 마련이다. '동성상응(同聲相應)', 같은 소리끼리는 서로 응하여 울린다. 같은 무리끼리는 서로 통하여 자연히 모이게 되어 있다. '유유상종(類類相從)' 또는 '끼리끼리'라고 표현하기도 한다.

지난 10년간 사람들과 책을 읽고 나누며 혼자 읽을 때와는 비교할 수 없을 정도로 변화하고 성장했다고 자부한다. 모임에서 어떤 사람들을 만났기에 성장할 수 있었을까? 독서모임에 꾸준히 나오는 사람들은 어떤 특징이 있을까?

첫째, 호기심이 많고 열린 마음을 갖고 있다. 변화에 유연하게 대처하고 적응하는 능력이 뛰어나다. 낯선 환경이나 상황에 빠르게 적응하며 새로운 것을 배우고 습득하는 데에 개방적인 태도를 보인다.

자신의 가치관에 반(反)하거나 낯선 내용을 다루는 책을 읽었을 때, 본인의 생각과 전혀 다른 의견을 주장하는 사람과 만났을 때 이런 특징이 잘 드러난다. 그들은 비교적 거부감 없이 상대의 의견을 열린 마음으로 수용하거나 이해해 보려는 노력을 기울이는 것을 볼 수 있다.

둘째, 삶의 목표가 있고 적극적이다. 자신의 성장과 발전을 위해 노력한다. '더 나은 사람'이 되려고 하고, '더 나은 삶'을 살고자 하는 목표와 의지가 뚜렷하다. 더 나은 삶이란, 경제적 자유를 포함하기도 하지만 반드시 물질적 풍요만을 말하는 것은 아니다.

셋째, 책임감이 있다. 기본적으로는 직장, 가정, 사회에서 주어진 사회적 역할을 잘 수행하려고 노력한다. 본인의 삶을 더 아름답게 만들려는 책임감이 있다. 수년 동안 모임에 참석하는 것도 책임감이 있어야 가능한 일이다. 모임을 위해서는 완독도 해야 하고 모임 안에서 맡은 일도 해내야 한다. 발제자가 발제해 오지 않거나 참여자가 토론 중 입을 열지 않고 앉아만 있는 것은 책임감이 결여된 행동이다.

넷째, 사람들과 협력하고 지식을 공유하는 것을 중요하게 생각한다. 자신의 지식과 경험, 노하우를 숨기지 않고 나누기를 좋아한다. 혼자 성장하기보다는 함께 성장하기를 원한다. 관계를 통해 발전하고 성장하는

데 큰 가치를 두는 경향이 있다. 누군가 도움이 필요하면 가능한 도움을 주려고 한다.

다섯째, 실패했을 때 좌절하기보다 교훈을 얻고 성장의 밑거름으로 여기는 긍정적인 마음가짐을 갖고 있다. 어려운 상황에서도 창의적인 해결책을 찾아내려고 한다. 실패를 받아들이고 부족한 부분을 개선해서 한 단계 더 성장한다.

물론 독서모임 참여자들이 모두 이렇지는 않다. 일부 참여자들은 부정적인 언사를 내뱉고 남을 깎아내리기도 한다. 타인의 의견을 수용하지 않는 사람도 있다. 변화와 도전을 받아들이지 못하고 두려워하거나 거부하기도 한다. 본인이 가진 지식과 경험을 포함해 어떤 것도 나누지 않으려는 모습을 보이는 사람도 있다.

그러나 몇 년씩 꾸준히 모임에 참석하는 사람들, 끝까지 모임에 남는 사람들은 대부분 도전과 배움을 즐기고 나누고 성장하기를 원하는 사람들이었다.

'물이유취', '동성상응', '유유상종', '끼리끼리'라는 말은 독서모임에서도 예외가 아니다. 결이 같은 사람들은 서로 자석처럼 끌리고 모이게 되어 있다. 나와 비슷한 관심사를 가진 사람들과 교류하며 함께 독서를 즐기다 보면 지속적인 성장과 배움의 기회를 얻게 된다. 동반성장이라는 말의 의미를 독서모임을 통해 체감할 수 있다.

L은 세 아이를 키우는 전업주부라고 자신을 소개했다. 막내가 어린이집에 다니기 시작하면서 여유가 생겨 독서모임에 참여하게 됐다. 아이 셋을 키우느라 8년이 어떻게 지났는지 모르겠다고 했다. 결혼 전부터 막연하게 작가가 되고 싶었지만, 그저 허황한 '꿈'일 뿐이라고 했다.

L 덕분에 우리는 독서모임에서 꽤 여러 권의 글쓰기 책을 읽었다. 『강원국의 글쓰기』, 『뼛속까지 내려가서 써라』를 함께 읽고 모임에서 자유주제로 글쓰기를 했다. 서로의 글에 대해 합평하고 격려했다. 독서모임이 글쓰기 모임은 아니었기에 글쓰기와 합평을 모임에서 이어가는 것은 무리였다.

대신 그녀에게 글쓰기 모임을 꾸려보라고 권했다. 독서모임에 참여하면서 생긴 노하우가 있으니 자신감을 갖고 글쓰기 모임을 시작해 보라고 독려했다. 행동이 빠르고 도전을 두려워하지 않는 그녀답게 얼마 지나지 않아 모임을 만들더니 꾸준히 썼다.

현재 그녀는 두 번째 책을 집필 중인 작가로 활동하고 있다. L은 독서모임을 통해 글쓰기를 시작할 수 있었고 꿈을 이뤘다고 말한다. 그때 독서모임에 나오지 않았다면, 글쓰기 책을 함께 읽지 않았다면, 습작하지 않았다면, 합평의 매운맛을 보지 못했다면, 글쓰기 모임을 꾸리라는 조언과 격려가 없었다면 꿈을 꾸는 것에서 그쳤을 것이라고 감사의 인사를 전했다.

그녀가 특별한 것이 아니다. 독서모임에서 만난 사람들 가운데 배우고 성장하길 원했던 많은 사람이 본인이 원하는 바를 성취하는 것을 숱하게 보았다. 그들은 서로의 도전을 응원하고 긍정의 에너지를 나누며 꿈을 이뤘고, 지금도 꿈을 이루기 위해 나아가고 있다.

유명인 중에도 과거에 독서모임을 했거나 현재 독서모임을 하는 것으로 알려진 사람들이 있다. 그들 중 몇몇은 앞서 살펴본 독서모임 참여자의 특징에 부합되는 면모를 가지고 있다. 삶의 목표가 있고 적극적이며 실패했을 때 좌절하지 않는다. 독서모임은 유명인들에게도 영감을 준다. 그들 역시 함께 읽고 생각을 나누며 지식과 통찰력이 향상됐고, 자신의 분야에서 성장했다.

유명한 토크쇼 진행자인 오프라 윈프리는 독서모임 〈오프라 북클럽〉을 운영하며 독서를 통해 자기성찰과 성장을 이루었다. 그녀의 북클럽은 참여자들이 다양한 문화를 이해하고 사회적 영향력을 키우는 데에도 기여했다.

혹시 지금, 어떤 목표도 없이 하루하루를 허비하고 있다면 꿈이 있는 사람들을 만나보는 것은 어떨까? 그들이 어떻게 성장하고 있는지 가까이에서 지켜보는 것만으로도 삶이 달라진다. 멀리까지 찾으러 갈 필요도 없다. 독서모임에는 꿈꾸는 사람들, 꿈을 이룬 사람들이 있다. 가까운 독서모임의 문을 두드려 보자. 꿈꾸는 사람이 당신을 맞이해 줄 것이다.

우리가 함께
읽어야 하는 까닭

1. 책과 사람을 깊이 있게 이해할 수 있다.
2. 세상을 바라보는 관점이 달라진다.
3. 벽돌책도 쉽게 읽을 수 있다.
4. 사유와 성찰을 연습할 수 있다.
5. 책을 계속 읽을 힘이 생긴다.
6. 성숙한 인간관계를 맺을 수 있다.
7. 타인을 포용하는 범위가 넓어진다.
8. 소통하는 능력을 배울 수 있다.

책 읽는 습관을 들인다는 것은

인생의 불행으로부터 스스로를 지킬

피난처를 만드는 일이다.

– 서머싯 몸

5장

독서를 넘어 변화와 행동으로

1

독서 고수에게는 책이라는 '빽'이 있다

사회생활을 시작하면서 알게 된 C 선배는 배울 점이 많은 사람이었다. 그녀의 첫인상을 잊을 수가 없는데, 가장 눈에 띄는 것은 고요하고 깊은 눈빛이었다. 어떤 사람이기에 저렇게 흔들림 없는 눈빛을 갖게 됐는지 궁금했다. 호기심을 품고 며칠 동안 선배를 관찰했다.

그녀는 손에서 책을 놓지 않았다. 출퇴근할 때도 책을 들고 있었고, 점심 식사 후 다른 직원들이 커피를 마시면서 휴식을 취할 때도 조용히 책을 읽었다. 자투리 시간이 있을 때마다 책과 함께였다. 주로 인문학 서적과 철학, 고전을 읽는 눈치였다.

말수가 적었지만 내뱉는 말들은 밝고 명쾌했다. 문제의 해답을 가지고 있는 사람 같았다. 가장 닮고 싶었던 점은 말과 행동이 같은 것이었다. 아우라의 밑바탕에는 독서를 통한 성찰이 있다고 생각했다.

그녀와는 선후배 관계를 떠나 인간적인 친분을 쌓았다. 선배는 책 선물을 즐겼는데, 헤르만 헤세의『싯다르타』, 밀란 쿤데라의『농담』, 헨리크 입센의『인형의 집』을 나에게 선물했다. 책의 앞장에는 간단한 메모와 함께 책에 대한 가치와 의미를 담고 있는 글귀가 적혀 있다. 뻔한 말로 느껴질 법했지만 선배를 통해 전달되니 글에 힘이 실렸다. 그녀는 책이 있어 든든하다고 했다.

"우울한 생각의 공격을 받을 때 책에 달려가는 일처럼 도움이 되는 것은 없다. 책은 나를 빨아들이고 마음의 먹구름을 지워준다."

– 미셸 드 몽테뉴

"책은 가장 조용하고 변함없는 벗이다. 책은 가장 쉽게 다가갈 수 있고 가장 현명한 상담자이자, 가장 인내심 있는 교사이다."

– 찰스 W. 엘리엇

"책은 우리가 세상을 이해하게 하고, 세상을 바꿀 힘을 주는 도구이다."

– 해럴드 블룸

독서모임을 하면서 많은 독서가들을 만났다. C 선배를 포함해 깊이 있는 독서를 하는 사람들은 독서로 인생이 변했다고 이야기한다. 그리고 책이 인생을 바꿀 수 있다고 말한다. 길을 잃었을 때 책이 현실을 이겨낼 힘이 되어주었다고도 한다. 나도 그렇다. 책은 눈앞이 캄캄할 때 어둠을 밝혀주는 빛이 되었다.

독서모임을 통해 고전과 철학을 읽었다. 인생의 지혜가 응축된 고전을 읽고 그동안 보이지 않았던 삶의 정수를 발견했다. 오랜 시간을 견디고 살아남은 책이 고전이다. 험난하고 어지러운 세상을 어떻게 살아가야 할지 알려줄 뿐 아니라 도덕적 고민과 삶과 죽음의 문제에 대한 답을 찾을 수 있다. 고전에는 인간의 본성과 심리, 감정을 이해할 수 있는 비밀이 숨겨져 있어 인간관계에 대한 통찰력을 갖게 한다.

철학은 인간의 존재에 대해 깊이 있는 질문을 던지며, 인간다움이란 무엇인지 이야기한다. 도덕적 해이가 심각한 수준에 이르렀다고 하는 혼란한 시대이다. 이럴 때 철학은 개인의 도덕성을 점검하게 할 뿐 아니라 더 윤리적인 판단을 할 수 있게 한다.

사람답게 살려면 어떻게 살아야 하는가에 대한 답을 준다. 더불어 인생의 의미와 목적, 존재 이유와 가치 등에 대해 생각해 볼 기회를 준다. 일상에서는 하기 어려운 사유가 철학책을 읽을 때 이루어진다.

매년 연말에는 독서모임에서 한 해를 돌아보는 시간을 갖는다. 모임에서 철학책을 집중적으로 읽던 시기가 있었다. 그해에 구성원들은 가장 크게 내적 성장을 이루었다고 평가했다. 철학을 통해 우리는 다양한 사회문제에 관해 관심을 두게 되었고 참여적인 시각을 갖게 되었다. 논리적인 분석력을 기르는 데도 큰 도움이 되었다.

니체를 만난 것도 그때였다. 니체 철학의 핵심이라고 할 수 있는 '영원 회귀'는 이 삶 전체가 영원히 반복되어도 좋을 만한 것이 되도록 매 순간을 즐겁게, 최선을 다해서 살게 했다. 니체 덕분에 삶을 절대적으로 긍정하게 됐다. 이 인생을 다시 살아도 좋을 만큼 좋은 삶으로 만들기 위해 운명을 개척해야겠다고 다짐했다.

조지 오웰의 『1984』는 읽는 내내 두려움을 느낀 작품이다. 이 소설은 1984년을 배경으로 세계가 오세아니아, 유라시아, 동아시아 세 국가에 의해 분할 통치되고 있다는 설정으로 시작한다. 주인공 윈스턴 스미스는 과거에는 영국이었던 오세아니아의 하급 당원이다. 사람들은 집을 포함해 어디를 가나 24시간 '텔레스크린'에 감시당하고 사생활은 존재하지 않는다. '언어가 사고를 지배한다'는 사상에 따라 당은 사상통제용 언어를 만들고 이전에 쓰던 언어를 사어로 만든다. 식자층을 끊임없이 감시하고 우민화정책을 펼쳐 사람들이 당의 방침에 어떤 의문도 가지지 못하게 만든다. 개인의 기억마저 당에 유리하게 조작된다.

『1984』의 세계와 현실이 크게 다르지 않다는 이야기를 나누며, 우리는 모임 내내 씁쓸함을 감출 수 없었다. 이 책은 우리가 믿고 있는 것들이 실제로 믿을 만한 것인지 의심하게 했다. 깨어 있지 않으면 조작된 정보와 사상에 잠식당하기 쉬운 시대이다. 『1984』 덕분에 '비판적으로 읽기'를 시작하게 됐다.

레프 톨스토이의 『사람은 무엇으로 사는가』는 사람을 살리는 '사랑'의 가치에 대해 생각하게 하는 작품이다. 인간은 사랑 없이 살 수 없다. 서로가 서로를 채워주는 공동체가 우리를 살릴 수 있다. 이 책을 읽고 어떻게 좋은 공동체를 만들 수 있을지 우리는 함께 고민했다.

정약용의 『목민심서』는 조선 시대에 관리가 가야 할 바른길에 대해 말하는 책이다. 현대사회로 확장해 시민으로서 어떤 마음가짐으로 살아야 하는지, 책임과 소임을 다하는 삶에 대해 생각해 보는 기회가 됐다. 우리는 『목민심서』를 통해 윤리적인 삶에 관해 진지하게 토론했다.

프리드리히 니체, 조지 오웰, 레프 톨스토이, 정약용…. 과거의 현자들이 책을 매개체로 시공간을 초월해 우리 곁으로 왔다. 이들은 우리가 나아가야 할 방향을 알려주고 사람답게 살 수 있게 했다. 좋은 인간이 되는 방법을 알려주었다.

스승에게 조언을 구하듯이 마음이 힘들고 나약해질 때면 책을 펼쳤다. 닮고 싶었던 C 선배가 그랬던 것처럼 이제 나와 나의 책 친구들도 책이 있어서 든든하다. 책은 문제를 풀 수 있는 길을 안내해 주고 내가 나로서 살아갈 수 있게 한다. 흔들리는 나를 붙잡아주는 '책'이라는 '빽'이 생긴 것이다.

2

성장하고 싶다면
불편한 책과 친해져라

한 때 '인문학'과 '힐링'이라는 키워드가 대한민국에 열풍을 일으켰다. 두 단어만 갖다 붙이면 뭐든 잘 팔렸다. 책도 마찬가지였다. 지금도 인문학에 대한 관심은 여전히 뜨겁다. 사람들은 문학, 역사, 철학으로 치유하기를 원한다. 관련 도서를 읽거나 강연을 들으면서 지치고 상처 입은 마음을 다독이고자 한다.

어떤 이들은 마구잡이로 인문학 강연을 찾아다닌다. 힐링의 시간이었다는 후기를 남기며 다음 강연을 검색하고 인문학책을 구매한다. 물론 몸과 마음을 돌보는 일은 중요하다. 상처가 있다면 치유해야 한다. 다만 인문학 서적을 읽으며 힐링이 됐다고 말하는 것은 앞뒤가 맞지 않는다.

인문학 서적을 제대로 읽었다면 아파야 한다. 책에 비추어 나의 과거와 현재를 성찰해야 한다. 사회를 돌아봐야 한다. 그 과정은 결코 편할 수 없다. 고통스럽고 피하고 싶다. 내가 몰랐던 나의 모습을 보게 되기도 하고, 민낯이 까발려지는 것 같은 수치스러움을 느낄 때도 있다. 내 안의 가장 깊은 곳까지 내려가서 나의 부족함과 교만함을 바로 봐야 한다. 그제야 깨달음을 얻고 한 단계 성장한 나를 만날 수 있다. 인문학 서적은 힐링을 위해서가 아니라 성장을 위해 읽는 것이다. 힐링은 변화를 불러오지 않는다.

성장하고 싶다면 나를 불편하게 하는 책과 친해져야 한다. 불편한 책은 기존의 가치관에 도전장을 내민다. 낯선 것은 불편하다. 그러나 다양성을 인식하고 이해하게 한다. 편협한 사고와 편견을 극복하는 데 도움이 되고 세계관을 넓힐 수 있다.

사회 문제, 정치적 논쟁, 인종차별이나 성차별 등을 다루는 책을 읽을 때도 독자는 불편함을 느낀다. 마주하고 싶지 않은 진실을 알게 될 때, 피하고 싶은 현실과 직면할 때는 책장을 덮고 싶다. 이러한 불편함은 우리 사회에서 일어나고 있는 문제를 관심 있게 바라보게 하고 타인의 경험과 시선을 이해하고 배울 수 있게 한다. 현실을 직시하고 사회적인 문제에 대해 고민하게 할 뿐만 아니라 문제를 개선하기 위한 방법을 모색하고 직접 실천하는 계기를 마련한다.

갈등, 고통, 어려움에 직면한 인물들의 이야기를 다루는 책은 감정적으로 지치게 만들고 내면의 고민을 자극한다. 한편으로는 이런 자극이 자신의 감정과 타인의 고통에 공감하고 나아가 인간을 깊이 있게 이해할 수 있게 한다.

불편한 책은 인생의 의미에 대해 질문을 던진다. 일상에서 쉽게 하지 않는 삶의 본질에 대한 질문은 자기 성찰과 내면의 성장으로 이끌어 준다. 우리의 시야를 넓히고 인류애를 회복시킬 뿐 아니라 사회적인 의식이 확장되도록 돕는다.

〈독서모임 회원들이 뽑은 '불편한 책', BEST 5〉

불편하지만 반드시 읽어야 하는 수많은 책이 있다. 그중에서 독서모임에서 함께 읽고 가장 많은 이야기가 오고 갔던 책과 참여자들의 만족도가 높았던 '불편한 책'을 소개한다. 혼자 읽기에도 좋지만 독서모임에서 함께 읽으면 더 좋은 책들이다.

1. 윌리엄 골딩, 『파리대왕』

『파리대왕』은 비행기에 탄 채 어디론가 이송되는 소년들이 불의의 사고로 무인도에 불시착하면서 벌어지는 생존기이다. 낭만적인 모험기가 아니라 끔찍한 디스토피아 소설이다. 인간 본성과 권력, 집단심리 등에 대한 철학적인 질문으로 가득한 작품이다. 질서의 붕괴와 인간 본성의 어둠을 다루며 사회적 제약이 없는 환경에서 인간이 어떻게 행동하는지 적나라하게 보여준다. 점점 비극으로 치닫는 상황을 지켜보면서 독자는 인간의 본질에 대해 생각하게 된다. 권력의 위험성을 보여주며 인간이 어디까지 타락할 수 있는지 소름 끼치게 묘사하는 작품이다.

2. 프란츠 카프카, 『변신』

『변신』은 인간의 존재와 삶의 의미에 대해 질문을 던진다. 소설의 주인공인 그레고르는 어느 날 벌레로 변신한다. 벌레가 되어 버린 그레고르가 자기 가족과 사회에서 소외되어 가는 모습을 처절하게 보여준다. 존재 자체로 사랑받고 존중받아야 할 가족이 가치를 상실한 그레고르를 잔인하게 짓밟는 과정은 독자들이 많은 생각을 하게 한다. 가족이란 어떤 존재인가? 인간의 가치는 어디에서 오는 것인가? 사랑이란 무엇인가? 카프카는 현실과 상상의 경계를 넘나들며, 독자들을 작품 속으로 빠져들게 한다.

3. 토마스 모어, 『유토피아』

모어는 이상적인 사회 구조와 정의, 교육, 법과 질서에 대한 새로운 대안을 『유토피아』를 통해 제시한다. 독자는 유토피아와 현실 세계를 비교하며 더 나은 사회를 상상하게 된다. 사회적 불평등, 탐욕, 부당한 법과 질서 등 사회의 문제와 결함을 냉철하게 조명한다. 특히 공동체와 개인의 관계, 개인의 자유와 집단의 이익 사이의 균형에 대해 논의하고 고찰하게 한다. 작품을 읽으면 사회적 문제를 개선해 보고 싶다는 의지가 생길 것이다.

4. 조지 오웰, 『1984』

이 소설은 권력과 통제로 인해 어떠한 비극이 일어나는지 보여주는 디스토피아 소설이다. 독재 정부의 통제와 개인의 자유 사이의 갈등을 그려내고 있다. 독재와 권력의 위험성을 경고하고, 독립적인 사고의 중요성에 대해 돌아보게 하는 작품이다.

정부의 감시, 미디어 조작 등과 같은 내용을 다루는데 현실 세계에서도 존재하는 문제들이라 그 심각성에 대해 공감할 수 있다. 독자는 작품을 통해 현실을 깊이 이해하고, 사회적 문제에 대해 더욱 비판적으로 사고하게 된다.

5. 조지 오웰, 『동물농장』

『동물농장』은 동물들이 인간의 통치로부터 해방되길 염원하면서 투쟁하는 이야기를 그린 소설이다. 오웰은 우화를 통해 권력, 독재, 정의, 무지함이 불러오는 비극을 보여주고 사회 및 정치적 문제들에 대해 신랄하게 분석한다. 이 소설은 권력의 남용이 불러오는 폐해를 간접적으로 체험하게 할 뿐 아니라 문학적인 재미와 즐거움까지 느낄 수 있는 작품이다.

이 책들을 읽는 동안 독자는 분명히 불편함을 느낄 것이다. 심지어 책장을 덮은 후에도 알 수 없는 찝찝함으로 한동안 불쾌할지도 모른다. 그러나 인생을 탐구하고 성장하는 데에 큰 도움을 주는 작품들이다. 이러한 책들을 읽으면 우리는 무지에서 깨어난다. 세상을 다각도에서 이해하고 사회적인 변화를 끌어낼 힘을 얻게 된다.

3

진리를 찾고 있다면 고전을 읽어야 한다

앞서 책이 어떻게 '빽'이 될 수 있었는지를 이야기하며 고전 읽기의 중요성을 언급한 바 있다. 고전의 가치에 대해서는 아무리 강조해도 지나치지 않다. 더구나 독서모임에서는 고전 읽기를 빼놓을 수 없으니 조금 더 이야기를 이어가 보고자 한다.

고전은 다양한 주제와 메시지를 다루고 있다. 인간 존재와 삶, 사랑, 도덕적 딜레마와 윤리, 정치, 사회 문제 등을 깊이 이해하고 탐구한다. 특히 고전문학은 문학적인 표현을 통해 독자가 이러한 문제에 대해 보다 쉽게 접근하고 이해하도록 풀어낸다.

예를 들면, 셰익스피어의 작품『오셀로』에서는 인간의 본성과 욕망, 운명의 역설, 도덕적인 선택의 어려움, 사랑과 질투 등이 주인공을 통해 효과적으로 드러난다. 베니스의 무어인 오셀로는 인자한 성품과 유능함으로 명망이 높은 장군이다. 그에게는 명문가 출신의 아름답고 정숙한 아내 데스데모나가 있다. 서로를 끔찍하게 사랑한 이들 부부 사이에 이아고가 끼어들면서 아내에 대한 오셀로의 애정은 서서히 의심과 질투로 변질된다. 결국 아내를 죽이고 자신도 자살하는 결말을 맞는다.

『오셀로』는 악인 이아고가 오셀로의 마음에 교묘하게 의심의 씨앗을 심은 후 심리적으로 조정하는 과정을 흥미진진하게 풀어나간다. 그로 인해 오셀로가 어떻게 무너지게 되는지 적나라하게 보여주며 독자들에게 철학적 질문을 던진다. 이 책의 독자는 사랑이란 무엇일까, 인간의 믿음이란 얼마나 약하고 힘없는 것인가, 질투가 어떤 파국을 초래하게 되는가, 소유에 따른 불안은 떼려야 뗄 수 없는 것인가, 평판이 얼마나 부질없고 위험한가에 대한 답을 찾을 수 있다.

아서 밀러의 대표작이자 미국의 대표적인 희곡 중 하나로 손꼽히는 『세일즈맨의 죽음』은 현대인들에게 시사하는 바가 크다. 이 작품은 허망한 꿈을 좇는 소시민의 비극을 그리고 있다. 예순 살이 넘은 주인공 윌리 로먼은 대공황이 오기 전에는 잘 나가던 세일즈맨이었다. 영업실적은 우수했고 새집과 좋은 차가 있었으며, 앞날이 기대되는 자랑스러운 두 아들이 있었다. 그러나 경기는 불황으로 치닫고 세월은 야속하게 흐른다. 나이 든 윌리 로먼은 사회에서 불필요한 존재로 전락한다. 회사에서는 해고당하고 두 아들은 낙오자가 되었다. 그의 자살로 작품은 막을 내린다. 윌리 로먼은 자신의 보험금으로 아들이 성공하기를 바라며 자살을 선택한다.

윌리 로먼은 평생을 세일즈맨으로 살면서 무려 25년간 주택 할부금을 갚았다. 그리고 마침내 주택 할부금을 다 갚자마자 자살하고 만다. 집과 자동차, 가전제품의 할부금을 갚는 데 일생을 바치고 인생이 끝나버렸다. 과거의 영화로운 시절을 그리워하며 달라진 현실을 인정하지 못하고 파멸하고 말았다. 현대의 비극이라 불릴 만하다. 독자는 읽는 내내 씁쓸함을 느낄 수밖에 없다. 우리 중 누가 윌리 로먼과 다르다고 자신 있게 말할 수 있을까?

고전은 잠깐 멈춰서 나를 돌아보게 하는 힘이 있다. 돌아보니 나를 포함에 내 주변의 수많은 윌리 로먼이 보인다. 어떻게 살아야 하는 것일까, 산다는 것은 무엇일까. 윌리 로먼이 우리에게 던지는 질문이다.

이제는 현대의 고전이라고 불리는 리처드 바크의 대표작 『갈매기의 꿈』도 삶의 진리를 담고 있는 위대한 작품이다. 불과 100여 페이지밖에 안 되는 이 작은 책에는 자유와 도전, 용서와 자비가 있다.

주인공 조나단 리빙스턴은 평범하지만 특별한 갈매기이다. 그는 다른 갈매기들과는 다르게 먹이를 획득하는 것을 배우는 것보다 비행술을 연마하는 것을 더 중요하게 생각한다. 주위에서는 "네가 사는 이유는 먹기 위한 것"이라고 하지만 그저 먹고살기 위한 삶이 얼마나 무의미한지 알고 있는 조나단은 다른 삶을 살고자 한다. 갈매기 무리에서 추방당한 후에도 조나단은 나는 기술을 연마하는 것을 멈추지 않는다. 결국 그는 고된 훈련 끝에 갈매기 역사상 가장 빠른 갈매기가 된다. 여기서 끝났더라면 이 책의 울림이 그렇게 크지 않았을 것이다. 조나단은 자신을 배척했던 갈매기 무리가 있는 지상으로 돌아와 제자들을 길러내고 진정한 스승이 된다. 용서와 화해의 가치를 보여준다.

기존 질서에 순응하는 삶을 사는 우리에게 갈매기 조나단이 껍데기를 깨고 나아가는 모습은 큰 깨달음으로 다가온다. 선택된 소수만이 아니라 누구에게나 내면에는 위대한 가능성이 있는데 그 사실을 사회도 인정하지 않고 자신마저도 잊고 살아간다.

도전 앞에 멈칫거리게 되는 순간마다 '이상을 추구하고 가르침을 전달한 조나단', '스스로를 믿고 사랑하는 조나단', '내면의 목소리에 귀를 기울이는 조나단'의 정신을 떠올리고 용기를 얻는다.

이처럼 고전문학은 우리가 세상을 이해할 수 있게 하고, 살아가는 의미를 발견하게 한다. 고전을 통해 인간의 본성과 가치에 대한 질문에 답을 찾을 수 있다. 그뿐만 아니라 고전을 읽으면 타인에 대한 연민이 생긴다. 연민이란 '너도 나처럼 애쓰면서 사는구나.', '너와 내가 다르지 않구나.', '우리 모두 참 안됐구나.'라고 느끼는 것이다. 연민이 있어야 공동체 의식이 싹튼다. 고전을 읽으면 보이지 않던 것이 보인다. 다른 말로 바꾸어 표현하자면 진리와 본질, 원리와 이치를 깨닫게 된다.

고전을 읽은 사람과 읽지 않은 사람은 어떤 차이를 보일까? 독서모임에서도 고전을 즐겨 읽는 사람들이 있다. 이들은 지식의 폭과 깊이가 다르다. 고전에는 다양한 분야의 지식이 담겨 있기 때문이다. 그들은 일상에서도 인간에 대해 탐구하려는 경향이 있으며, 글을 이해하고 해석하는 능력, 언어에 대한 감각이 뛰어나다. 특히 이면에 숨겨진 의미를 쉽게 찾아낸다.

반면에 고전을 접하지 않은 사람, 쉽고 단순한 책만 읽은 사람들은 보이는 것 이외에는 보지 못한다. 감춰진 뜻을 파악하기 어렵거나 놓치게 되므로 책을 제대로 읽을 수 없다.

고전을 읽는 동안 우리는 계속 생각하고 상상하고 감탄한다. 사고력과 감성이 고르게 발달하며 사회를 염려하는 마음이 생기고 세상을 사랑하게 된다. 그러다 보니 고전을 많이 읽은 사람들은 인간관계가 좋고 소통능력이 뛰어나다는 이야기를 듣기도 한다.

고전을 많이 읽은 사람과 읽지 않은 사람의 가장 큰 차이점은 윤리적인 선택을 해야 하는 순간에 더 두드러진다. 고전을 읽으면 인간의 가치에 대해 끊임없이 고민하고 자신의 가치관을 정밀하게 세울 수 있다. 도덕적인 고민 앞에서 올바른 판단력으로 더욱 윤리적인 선택을 할 수 있다.

눈에 보이지 않지만 또렷이 존재하는 어떤 것, 다시 말해 '진리'를 찾고 있다면 고전을 읽어야 한다. 고전에는 시간과 장소, 문화와 시대를 불문하고 모든 사람이 동의할 수 있는 보편적이고 절대적인 진리가 있다. 진리를 깨달은 사람은 인간의 한계와 불완전성을 인정하고 열린 마음으로 세상을 받아들인다. 관용의 수준이 높아진다.

책을 통해 눈앞을 뿌옇게 했던 안개가 걷히고 비로소 또렷하게 드러나는 삶의 진리와 마주하게 되는 경험을 해보기를 바란다. 그 순간, 내면에서 강하게 차오르는 환희를 느낄 수 있기를!

4

꾸준하게 읽으면 정말 변합니다

"코로나 때문에 한동안 친구들을 못 만났어요. 오랜만에 모임에 나갔더니 다들 저보고 변했다고 하더라고요."

"저도 그런 얘기를 들었어요. 출산하고 육아하느라 몇 년 만에 만난 친구들이 저보고 달라졌대요."

"매일 보는 남편도 저한테 변했다고 합니다. 제가 느끼기에도 1년 전과 지금의 제가 다르긴 해요."

독서모임 회원들은 책을 읽으면서 변화를 느낀다. 지인들로부터 달라졌다는 말을 듣기도 한다. 나는 그들에게 앞으로도 변했다는 이야기를 수없이 듣게 될 것이라고 말한다. 나 역시 독서모임을 하면서 변화를 경험했고 주변으로부터 그런 말을 들어왔기 때문이다.

물론 여기에서의 변화는 긍정적인 변화를 뜻한다. 다른 말로 표현하면 내적 성장이다. 책을 읽으면 달라질 수 있느냐고 의구심을 품는 사람들이 있다. 단언컨대 꾸준하게 읽으면 변한다. 책이 어떤 변화를 불러올 수 있느냐고 묻는 사람들에게는 의심할 시간에 읽기를 시작해 보라고 이야기하고 싶다. 손해 볼 것이 없지 않은가. 설령 기대하는 만큼의 내적 성장을 이루지 못한다고 하더라고 책을 통해 지식의 확장을 이룰 수 있을 테니 말이다.

왜 책을 읽으면 변화할 수밖에 없는 것일까? 책은 우리에게 '참된 것'이 무엇인지, 진리에 대한 깨달음을 주기 때문이다. 진리를 깨달은 사람은 몇 가지 공통적인 특징이 있다.

첫째, 그들은 자기 자신에 대해 깊이 이해하고 이해를 바탕으로 개인적인 성장을 이룬다. 너그러운 마음으로 세상을 바라보고 상대방을 향해서는 존중의 태도를 갖는다. 나아가 타인의 권리와 존엄성을 지키려 한다. 타인을 존중하는 자세는 어떤 상황에서든 최소한의 공정성을 유지하려고 하는 마음을 낳는다.

둘째, 그들은 사회적인 문제에 관심이 많고 선택의 순간에는 '공정'과 '정의', '선함'을 기준으로 삼아 판단한다. 개인보다 사회에 이익이 되는 결정을 하려고 노력한다. 사회적 약자들을 위한 참여적 활동을 하며 가치관을 행동으로 드러낸다. 자기 능력과 지식을 활용하여 타인과 사회에 봉사하고 협력하려는 태도를 보인다.

셋째, 비판적으로 사고하고 비판이 온당한지 돌아본다. 본인의 부족함을 깨닫고 있으므로 미숙한 점을 바로잡기 위해 노력하며, 시대적 흐름에 맞는 지식을 학습하려고 한다. 새로운 아이디어를 구체화해서 발전시키고 현실에 유연하게 적용한다. 단편적이고 일시적인 방안이 아니라 지속 가능하고 효과적인 방식으로 현실의 문제를 해결한다. 이로써 이들은 개인을 넘어 사회를 발전시키는 데 기여한다. 책을 읽기 이전에 세상을 바라보는 기준이 '나'였다면, 책을 꾸준히 읽고 진리를 깨달은 사람은 기준이 달라진다. 자신과 타인, 사회와 세계를 중심으로 세상을 균형 있게 바라본다.

그렇다고 해서 책을 읽기만 하면 완벽한 사람이 되는 것은 아니다. 개인에 따라 진리에 대한 이해가 다를 수 있다. 한 권을 읽더라도 여러 번 제대로 읽고 사유와 성찰을 한 사람만이 보편적 진리를 깨닫고 자유로워질 수 있으며 성장한다.

책에서 발견한 진리를 실생활에 적용하는 것은 결국 우리가 책을 읽어야 하는 이유 중 하나이다. 실생활에 적용하려면 자신을 돌아보는 것이 선행되어야 한다. 그 후에 어떤 변화를 이루고 싶은지 목표를 설정하고 구체적인 실행 단계를 계획한다.

처음부터 큰 변화를 기대하기보다는 작은 단계부터 시작해야 한다. 당장 할 수 있는 작은 목표를 매일 실천하며 성취감을 느낄 수 있도록 한다. 깨달은 바를 사람들과 공유하고, 서로의 의견을 듣고 토론하거나 글로 정리하는 것도 좋다.

잊지 말아야 할 점은 단순히 읽고 지나치는 것이 아니라, 행동으로 옮겨 실천해야 한다는 것이다. 그래야만 지혜가 내 것이 되고, 변화와 성장을 이루는 데 도움이 된다.

개인적인 경험을 이야기하자면 나 또한 책으로 삶이 변화했다. 나는 도전을 두려워하기보다는 무엇이든 해보는 사람이다. 선택을 앞두고 생각이 많아질 때는 일단 해보는 것을 택한다. 어지간한 일에는 애면글면하지 않으려고 한다. 생각만 해서는 얻을 수 있는 것이 없다. 복잡한 문제일수록 단순하게 정리하고 행동으로 옮기는 것이 최선의 선택이라는 것을 책으로 깨달았다.

그렇다고 내가 처음부터 이런 사람은 아니었다. 도전 의식이나 모험심은 나와는 상관없는 이야기였다. 무모한 사람들이나 하는 행동이라고 생각했고 변화보다는 안정을 추구하는 성향이었다. 성취를 위해 끈질기게 노력하거나 열정을 다해본 적도 없었다. 독서모임을 통해 책을 제대로 읽기 시작하면서 달라졌다. 끊임없이 질문하고 사유하고 성찰하는 능동적인 독서는 진리를 가르쳤다. 그것은 생각과 태도의 변화로 이어졌다. 이제는 안 되면 될 수 있도록 이리저리 방향을 틀고 방법을 찾는다.

나아가 지인들이 도전하기를 주저하면 일단 해보라고 권하는 사람이 되었다. 내가 책에서 깨우친 삶의 진리는 '변화하고 싶으면 행동하라'는 것이다. 물론 행동의 결과가 실패로 돌아올 때도 있다. 어쩌면 실패할 때가 더 많을지도 모른다.

실패를 실패로 받아들이면 회복이 힘들다. 그럴 때는 실패를 배움의 기회라고 생각한다. 실패하면서 얻은 교훈과 경험을 배움의 기회로 삼아 더 나은 방향으로 수정하고 전환해 앞으로 나아가면 된다. 삶에서 도전은 필연적이다. 도전의 결과를 실패 또는 성공으로 나누면 두려움이 엄습하고 아무것도 시도할 수 없다. 도전의 결과를 '성공' 또는 '배움'이라고 생각하면 무엇이든 시작할 수 있다.

책을 읽으면서 유연하게 사고하는 법을 배웠다. 고정관념에 사로잡혔던 때와 비교하면 훨씬 다양한 관점에서 문제에 접근하기 때문에 더 좋은 해결책을 도출할 수 있게 됐다.

옳고 그름을 명확하게 하는 것을 좋아하던 내가 독서모임을 하면서 너그러워졌다. 다양성을 인정하고 포용하게 되었고, 존중하고 수용하기 위해 노력하게 되었다. 변화는 극적으로 오지 않는다. 자신도 모르게 서서히 시작된 변화가 쌓이면 눈부신 자기 발전을 이룬다.

모임에서 변했다는 이야기를 듣는 사람들도 대부분 마찬가지였다. 그들 역시 책을 함께 읽으며 가슴에 울림을 주었던 가르침을 일상에 적용하고 실천하면서 좋은 사람, 좋은 어른으로 변모하게 되었다. 꾸준하게 읽으면 정말 변한다.

5

더 좋은 선택을 하고 싶으세요?

삶은 결국 내가 한 무수한 선택으로 이루어진다. 우리는 하루에도 수백 번의 선택을 해야 한다. 간단하게는 아침 식사로는 무엇을 먹을지, 어떤 옷을 입고, 어떤 교통수단으로 출근할지 등 일상적인 것부터 진로, 진학, 결혼과 같이 인생의 큰 변화를 불러올 선택에 이르기까지 수없이 많은 결정을 하고 선택하고 책임져야 한다.

아이가 생기고 부모가 되면 선택해야 할 일은 상상을 초월할 정도로 늘어난다. 육아가 힘든 이유 중 하나는 나의 선택이 아이의 삶에 지대한 영향을 끼칠 수도 있다는 것을 알고 있기 때문이다. 옳은 선택인지 아닌지 당장 확인할 길이 없으니 무거운 책임감과 부담감에 육아가 힘들어진다.

어제의 내가 한 작은 선택들이 모여 오늘의 나를 만들고 내일의 나를 만든다. 더 좋은 선택을 하고 싶다는 바람, 후회하고 싶지 않다는 불안을 느껴보지 않은 사람이 있을까? 그래서 때로는 선택의 갈림길에서 두려움을 느끼게 된다.

인생의 방향을 바꿔버릴 정도로 잘못된 선택을 했을 때 사람들은 자신을 비난하거나 후회한다. 스스로를 탓하며 만약에 그 순간 그런 말을 하지 않았더라면, 만약에 그 사람과 결혼하지 않았더라면, 만약에 계약서에 도장을 찍지 않았더라면, 만약에 그날 그곳에 가지 않았더라면…. 무수히 많은 '만약에'라는 생각에 사로잡히게 된다. 놓쳐버린 기회를 곱씹으며 더 나은 결과를 얻을 수 있었을지도 모른다는 생각에 아쉬워하고 스스로를 원망한다.

어떤 선택은 경제적인 어려움으로 이어진다. 예를 들어 투자 결정을 잘못했거나 사기를 당한 경우 나뿐만 아니라 가족들의 인생마저 힘들어지는 문제를 야기한다. 가족, 친구, 동료와의 관계에서 갈등의 원인이 되기도 하고 인간관계에 크고 작은 영향을 미치는 선택도 있다.

잘못된 선택을 하고 난 뒤에는 원래대로 돌이키거나 만회하기 위해서 많은 시간과 에너지를 투자해야 한다. 그런데도 상황이 나아지지 않을 때는 깊은 무기력과 패배 의식을 느끼기도 한다.

늘 옳은 선택을 할 수는 없다. 잘못된 선택을 했다고 해서 스스로를 원망해서는 안 된다. 후회와 원망은 이미 벌어진 상황을 바꿀 수 없다. '중요한 것은 꺾이지 않는 마음'이라는 말이 있다. 결과는 수용하되 마음은 꺾이지 않는 것. 같은 실수를 반복하지 않고 다음에는 더 나은 선택을 할 수 있도록 노력하는 것이 중요하다.

언젠가 책에서 깨진 그릇을 복원하는 과정에 관해 기술한 것을 읽은 적이 있다. 일본에서 전통적으로 내려오는 '킨츠기'라는 복원 방식을 설명하고 있었는데, '킨'은 금을 뜻하고 '츠기'는 붙인다는 의미이다. 깨지거나 금이 간 그릇의 '흉'을 감추는 것이 아니라 금이 있으면 있는 대로 금빛이나 은빛을 덧붙여 더 아름답게 바꾸는 것이다. 그렇게 복원된 그릇이 깨지기 이전보다 더 단단하고 가치 있는 것으로 평가받는다는 게 놀라웠다. 그때 강렬한 인상을 받아서 어려움 앞에서는 '킨츠기'를 떠올린다.

잘못된 선택이 역경이나 고난을 불러올지라도 그것을 이겨내고 더 단단해지겠다는 긍정적인 마음이 필요하다. '꺾이지 않는 마음'을 넘어 '꺾여도 일어서는 마음' '꺾여도 살아가는 마음'을 갖기 위해 노력해야 한다. 그 마음을 다른 말로는 '회복탄력성'이라고 부르기도 한다.

회복탄력성이 있는 사람은 꼬일 대로 꼬인 상황에서도 조금씩, 현실을 더 좋은 방향으로 바꿔나간다. 그들은 어려운 문제에 직면했을 때 희망적이고 낙천적인 태도로 해결책을 찾는다. 자신에게도 타인에게도 관대하므로 누구 탓으로 문제의 책임을 돌리지 않고 객관적으로 상황을 바라본다. 잘못된 선택에 대해 반성하고 성찰하지만 자책하지 않는다. 어려움이 있어도 나아갈 수 있는 에너지, 즉 '열정'이 있다. 그리고 스스로를 믿는다.

낙천적인 기질을 타고난 사람들이 있다. 안타깝게도 그런 기질을 타고나지 못했다면 시간이 걸리더라도 후천적으로 긍정적인 정서를 키워야 한다. 역경이 닥쳤을 때 부정적인 마음이 생기고 회복하기가 쉽지 않다면, 가급적 선택 앞에서 실수를 줄이고 더 좋은 선택을 하기 위한 방법을 찾아야 한다. 어떻게 하면 더 나은 선택을 할 수 있을까? 독서가 해답 중 하나가 될 수 있다.

책을 읽으면 주인공이나 저자가 경험한 갖가지 문제 상황을 간접적으로 경험하게 된다. 그들이 문제를 풀어나가는 과정을 보면서 내가 그런 상황에 놓인다면 어떻게 대처해야 할지 배운다.

우리가 어떤 선택을 앞두고 있을 때 마음이 불안하거나 감정이 오르락내리락한다면 실수할 가능성이 높다. 반대로 마음이 안정되어 있으면 더 좋은 선택을 할 확률은 높아진다. 책을 읽는 동안에는 긴장 상태에서 벗어나 마음이 평온해진다. 독서는 스트레스를 완화하는 데 도움이 되며 어떤 사람들은 마음을 다스리기 위한 수단으로 독서를 택하기도 한다.

새로운 지식을 습득함으로써 시대의 흐름을 읽고 시야를 넓히는 것도 선택을 위해 필요한 요소이다. 관련된 사실과 데이터를 조사하고 분석해 선택의 근거를 확보하려면 가능한 많은 정보를 수집해야 한다. 책을 통해 알게 된 정보들이 기억 속에 저장되었다가 옳은 선택인지 판단하는 데 근거가 되는 배경지식으로 쓰인다.

책을 읽는 행위는 집중력을 키운다. 집중하지 않으면 책의 내용을 이해할 수 없다. 책 읽는 훈련이 잘되어 있으면 일상생활에서도 집중력을 갖고 일을 처리하며 실수가 줄어든다.

독서를 하면 다양한 문장 구조를 접하고 어려운 문법을 익히게 된다. 그로 인해 말하기나 글쓰기 능력이 개선되거나 향상된다. 회사에서 보고서를 작성하거나 업무 관련 메일을 보내야 할 때, 상대방을 설득해야 할 때도 유리한 입장에 놓인다.

인생에서 중요한 일을 선택해야 할 때 기준으로 삼는 개인의 가치와 목표를 설정하는 데도 책이 영향을 미친다. 무엇이 더 옳은지 책에서 답을 얻을 수 있다. 내가 원하는 삶의 방향이 무엇이고 어떤 가치를 우선하고 있는지, 내가 욕망하는 것은 무엇인지 살펴 그에 맞는 선택을 하면 실패가 줄어든다. 어떤 가치를 우선해서 선택해야 할지 책에서 얻은 진리가 기준이 되기도 한다.

중요한 결정을 내릴 때는 논리만 따져서도 안 되고, 감정에만 치우쳐서도 안 된다. 감정과 논리가 균형을 이뤄야 한다. 자신의 감정을 살펴 어떤 결정이 더 큰 행복을 가져올지 고려하는 동시에 현실을 직시하고 사실관계를 파악해야 한다. 분석한 것을 바탕으로 판단을 내리면 더 나은 결정을 내릴 수 있다. 감정을 배제하지 않으면서 논리적인 결정을 하는 것이 쉬운 일은 아니다. 감정이나 논리 중 한쪽에 치우친 선택을 하고 후회한 경험이 누구나 한 번쯤은 있을 것이다.

책을 오래 읽은 사람들은 감정을 배제하지 않으면서 논리적인 결정을 하는 것이 상대적으로 쉽다. 독서는 감성과 이성을 고르게 발전시키기 때문이다. 선택하는 데 있어 실수를 줄이고 싶다면, 그리고 더 좋은 선택을 하고 싶다면 책을 읽어야 한다.

6

내가 바뀌면 세상도 달라집니다

"중학생이 되더니 엄마가 말할 때는 귀를 닫는 것 같아요. 유튜브 좀 그만 보고 책을 읽으라고 해도 말을 안 들어요. 유튜브 때문에 아이랑 더 멀어졌어요. 내 속만 터지죠."

"남편한테 퇴직 후를 미리 대비해야 한다고 귀에 딱지가 앉게 말해도 퇴근하면 술만 마셔요. 책을 읽으면 세상이 어떻게 변하는지 알 수 있을 텐데 답답해 죽겠어요. 자격증도 따고 공부도 했으면 좋겠는데, 말해봤자 싸움만 일어나니까 입을 닫아야지 어쩌겠어요."

"친정엄마가 걱정이에요. 책에서 보니 양반다리가 무릎관절을 망친다고 하더라고요. 관절이 워낙 안 좋으셔서 좋은 소파까지 사드렸는데 소용이 없어요. 계속 바닥에 앉으시니까 속상해 죽겠어요. 자식들 말은 절대 안 들으시고 고집대로만 하시니…."

책을 읽는 사람들이 흔히 하는 실수가 있다. 시도 때도 없이 책, 책, 책. "책을 읽읍시다."라고 외치는 것이다. 자기도 모르게 책을 읽어야 한다면서 가족들을 들볶는다. 때로는 책에서 얻은 정보를 바탕으로 가족들의 문제점을 지적한다.

"책을 읽으니 이렇게 좋은데 책 좀 읽어라."

"세상이 얼마나 빠르게 변하고 있는지 책을 보면 알 수 있어. 책을 읽어봐."

"책 속에 미래가 있는데 왜 넌 책을 안 읽니? 앞으로 어떻게 살려고 그래?"

물론 가족들을 탓하려고 하는 말은 아니다. 대부분은 안타까움에서 비롯된 말이다. 좋은 것을 사랑하는 사람들과 함께 나누고 싶은 마음이라는 것을 안다. 그러나 지나치면 책을 읽지 않는 사람들을 한심하게 바라보는 위험한 상황을 초래한다. 듣기 좋은 꽃노래도 되풀이되면 질리는데 듣기 싫은 말은 오죽할까?

최근에 책 읽기에 푹 빠진 친구가 아들에게 "엄마 제발, 책 좀 그만 읽으세요."라는 말을 들었다고 하소연했다. 책을 읽은 후부터 잔소리가 더 늘어났기 때문이다.

안타깝지만 아이도, 남편도, 부모도 내 뜻대로 바꿀 수 없다. 내가 하는 말 몇 마디로 상대방이 바뀌는 일은 결코 일어나지 않는다. 그런데도 사람들은 왜 상대방을 바꾸려고 할까?

첫째, 상대가 자신이 원하는 방향으로 변화한다면 관계가 개선될 것으로 생각하기 때문이다. 현재 관계가 좋지 않은 상황이라면 대부분 그 원인이 상대방에게 있다고 믿기에 상대가 변화하길 요구하게 된다. 무의식에서 '너만 변하면 돼.', '너만 잘하면 된다.'라고 생각하고 상대의 태도와 행동을 바꾸려고 한다.

둘째, 상대방과 가치관이 충돌할 때 상대를 바꾸려는 욕구가 발생한다. 누구나 자신의 가치관은 옳다고 생각한다. 상대방의 행동이 자신의 가치관과 맞지 않으면 나의 가치관에 맞는 사람으로 그들을 바꾸려고 한다.

셋째, 상대방의 행동이나 습관이 건강이나 안전에 영향을 미치는 경우가 있다. 이럴 때는 건강하고 안전한 환경을 만들어 주고 싶은 마음에 상대방을 바꾸려고 한다.

누군가를 변화시키기 위해서는 조언을 가장한 충고 또는 훈계보다는 대화와 타협, 인내심과 지속적인 노력이 필요하다. 이 모든 것이 이루어졌다고 해도 타인을 바꾸는 것은 쉽지 않다.

변화시키는 것보다는 그들을 이해하는 게 빠르고, 이해하기보다는 내가 변하는 것이 빠르다. 심지어 내가 나를 바꾸기도 어려운데 내가 아닌 타인을 바꾸려고 한다니! 말이 안 되는 일이다. 그래도 나를 바꾸는 것이 타인을 바꾸려는 것보다는 상대적으로 쉽고, 실현할 수 있는 목표이다.

나를 바꾸는 것이 가능한 이유는 첫째, 나의 행동과 생각은 내가 결정할 수 있으므로 나에 대한 통제가 가능하기 때문이다. 둘째, 나를 바꾸는 것은 작은 변화에서부터 시작된다. 오늘 내가 변하기로 마음먹고 사소한 행동 하나를 더 좋게 바꿔본다면 변화는 시작된다. 셋째, 다른 사람들을 바꾸려면 그들이 처한 상황과 환경까지 이해해야 한다. 하지만 나를 바꾸는 것은 내가 나를 이해하기만 하면 가능하다.

나를 바꾸는 것은 주변과 세상을 바꾸는 첫걸음이다. 때로는 작은 변화가 예상 밖으로 큰 변화를 불러오기도 한다. 내가 더 나은 선택을 하거나, 더 나은 행동을 하면 주변 사람들에게 자연스럽게 좋은 영향을 끼친다.

누군가를 바꾸려다가 관계가 틀어지고 원망을 사게 되는 경우를 주변에서 흔히 볼 수 있다. 거듭 강조하지만, 타인을 바꾸거나 세상을 바꾸기는 어렵다. 책을 제대로 읽은 사람들은 이러한 진리를 빨리 깨닫는다. 그들은 타인에게 이래라저래라 하지 않는다. 그보다는 '나부터 잘하자'고 생각한다. '좋은 책'이라고 세상에 알려진 대부분의 책에서도 내가 바뀌어야 세상도 바뀐다고 이야기한다.

"변화는 우리 자신부터 시작된다."

– 마하트마 간디

"자신을 바꾸는 것은 세상을 바꾸는 가장 확실한 방법이다."

– 달라이 라마

"내가 행동을 바꾸면 세상은 따라서 변해간다."

– 레오나르도 다 빈치

이러한 명언들 또한 우리 자신이 변화하고 성장함으로써 주변 환경과 관계를 개선할 수 있다는 것을 강조한다. 나아가 나의 긍정적인 변화가 세상을 변화시킬 수도 있다고 말한다.

독서모임에서 환경 도서를 읽고 회원들과 쓰레기를 줍기 시작했다. 하루는 담배꽁초를 주웠는데 생각보다 많은 양의 담배꽁초가 길거리에 버려져 있었다. 특히 가로수 화단에서는 꽁초가 무더기로 쏟아져 나왔다. 아무리 주워도 끝이 보이지 않을 정도였다. 누군가가 푸념했다.

"이런다고 뭐가 달라지겠어? 내일이면 다시 쌓일 텐데."

담배를 피우는 사람에게 길에 꽁초를 버리지 말라고 말하는 것이 효과가 있을까? 그보다는 자신이 버린 담배꽁초를 대신 줍는 누군가의 수고로움을 보는 것이 더 효과적일 것으로 생각한다. 그 모습을 본다면 담배꽁초를 길에 버린 수백 명 중 한 명쯤은 화단 대신 쓰레기통을 찾지 않을까? 변화는 그렇게 시작된다고 믿는다.

설령 아무도 변화하지 않는다고 해도 괜찮다. 우리가 쓰레기를 주운 덕분에 누군가는 깨끗한 거리를 보면서 기분이 좋아졌을 것이고 가로수는 숨쉬기 편안해졌을 것이다.

무엇보다 나 자신이 행복해졌으니 부질없는 일이 아니라 가치 있는 일을 한 것이다. '행복한 나'는 집에 돌아가는 길에 마주치는 이웃에게 반갑게 인사할 것이다. 하교하는 아이를 웃는 얼굴로 맞이할 것이다.

거듭 말하지만 내가 변하는 것이 타인을 변화시키는 것보다 쉬운 일이다. 때로는 내가 달라짐으로써 상대방이 변화할 때도 있다. 그러나 반드시 그런 것은 아니다. 그런 기대는 위험하다. 그저 묵묵히 내가 할 일을 하고 옳다고 생각하는 바를 꾸준히 실천하면 된다. 책을 제대로 읽은 사람들은 그렇게 살기 위해 노력한다.

7

책과 삶이 다르지 않으려면

카프카는 책이 우리의 생각을 깨는 도끼와 같아야 한다고 말했다. 도끼와 같은 책이 따로 있는 것이 아니다. 책은 작가가 쓰지만 책에 가치를 부여하는 것은 독자이다. "아무리 유익한 책이라도 그 반은 독자가 만든다."라고 볼테르는 말했다. 독자가 어떻게 읽느냐에 따라 걸작이 될 수도 있고 졸작이 될 수도 있다.

독자가 비판적으로 읽고 숨겨진 의미를 발견하면 책이 우리의 생각을 깨는 도끼가 된다. '책을 읽기 전의 나'와 '책을 읽은 후의 나'는 달라야 한다. 사유를 통해 기존의 생각은 깨져야 하고 깨달음은 행동으로 드러나야 한다. 책이 삶의 변화로 이어지지 않는다면, 책을 왜 읽는가. 읽은 책이 행동에 변화를 불러올 때 비로소 책을 읽었다고 말할 수 있다.

그렇다면 책을 많이 읽은 사람들은 자신이 읽은 책의 두께만큼 성장하고 있을까? 한 권을 읽더라도 읽은 것이 앎으로, 앎이 삶으로 이어져야 한다. 독서하는 근본적인 목적은 변화하기 위해서이다. 좋은 독자는 변화를 받아들일 준비가 되어 있다. 책이 나를 바꾸어 주기를 기대한다. 좋은 책이 좋은 독자를 만나면 한 사람의 인생이 바뀐다.

책을 읽고 삶에 적용하는 것은 매우 의미 있는 일이다. 새로운 지식과 깨달음을 얻었다면 최소한 안 좋은 습관 하나쯤은 고쳐야 한다. 좋은 습관은 더 좋게 발전시킬 수 있어야 한다. 거창한 변화만이 변화가 아니다. 작은 습관을 하나 바꿨을 뿐인데 인생이 달라지는 일도 있다. 행동하는 나는 어제의 내가 아니다.

독서모임을 하면 혼자 읽을 때보다 책을 삶으로 끌어오기 쉽다. 혼자 읽을 때는 생각할 수 없는 좋은 질문을 만나게 되기 때문이다. 그 질문들은 사고에 균열을 일으킨다. 나의 삶을 객관적으로 보게 하고 기존의 가치관을 뒤흔들기도 한다. 상식과 관념을 깨는 질문에 대한 답을 찾아가며 시야가 확장된다. 당연하게 생각했던 것들이 당연하지 않게 느껴질 때, 비로소 성장했다고 말할 수 있다.

끊임없이 질문하고 질문에 대한 답을 구하고자 사유해야 한다. 책을 읽으면서 자신에게 필요한 변화가 무엇인지 인식해야 한다. 내가 가진 문제점이 무엇인지 알았다면 그것을 해결하기 위해 새로운 생각을 받아들여야 한다. 책을 읽는 것은 단순히 지식을 습득하는 것이 아니다. 자기 삶이 바뀌는 일이다. 책을 읽으면서 나에게 필요한 변화를 찾아내고 삶에 적용해 이전보다 성숙한 인간이 되어야 한다.

독서모임에서 환경운동가 비 존슨의 『나는 쓰레기 없이 산다』를 읽고 우리 독서모임 회원들은 상점에서 비닐봉지를 거절했다. 어딜 가든 장바구니를 챙겼다. 그리고 옷장을 비웠다. 서랍의 반을 덜어내고 부엌, 욕실, 화장대에서도 필요한 것만 남기고 나머지는 처분했다. 버리기와 비우기를 연습했다. 반복적인 연습은 습관으로 이어졌다. 누가 시킨 것도 아닌데 약속이라도 한 듯이 행동했다.

무엇을 먹어야 하는지에 대한 화두를 던지는 실천 윤리학자 피터 싱어의 『죽음의 밥상』을 읽었을 때는 충격이 컸다. 공장식 사육의 현실은 끔찍했다. 동물복지와 대형마트의 문제점에 대한 뜨거운 논쟁이 있었고 윤리적 소비에 대해 함께 고민했다. 우리는 공정무역을 공부했고 채식 요리를 만들었다. 채식주의자가 되려는 것은 아니었지만 공장식 사육의 문제점과 동물복지가 필요한 이유, 육식 위주의 식단이 환경에 미치는 악영향을 알았으니, 육류섭취를 줄이면서 식습관 태도를 바꾸고자 애썼다.

"부끄러워하지 말고 참지 말고 삼가지 말고 마음껏 기뻐하라. 웃어라. 싱글벙글 웃어라. 마음이 이끄는 대로 어린아이처럼 기뻐하라. 기뻐하면 온갖 잡념을 잊을 수 있다. 타인에 대한 혐오와 증오도 옅어진다. 주위 사람들도 덩달아 즐거워할 만큼 기뻐하라. 기뻐하라. 이 인생을 기뻐하

라. 즐겁게 살아가라."

『차라투스트라는 이렇게 말했다』에서는 사소한 일이라도 한껏 기뻐하라고 강조한다. 이 책을 제대로 읽었다면 운명을 긍정하고 더 좋은 삶으로 나아가기 위해 노력해야 한다. 실제로 사소한 일에도 어린아이처럼 크게 웃고 기뻐하는 변화가 있어야 한다. 내가 웃으면 상대방도 나를 보고 웃는다. 세상을 바라보는 방법을 바꾸면 내가 보는 세상이 달라진다. 행복과 불행은 종이 한 장 차이이다.

니체는 인간이 자신의 의지로 삶을 바꿀 수 있다고 말했다. 생각과 행동을 바꾸어야 삶이 바뀐다고 여러 번 강조했다. '의지의 힘'을 강조하는 책을 읽고도 살던 대로 산다면 아무리 훌륭한 고전도 무용지물이다.

인간관계에서 서로 존중하고 양보하는 것이 얼마나 중요한지, 겸양지덕을 강조하는 『논어』를 읽고도 겸손함을 모르고 다른 이들에게 무례하게 굴 수 있을까? 그저 유명한 책, 좋은 말씀을 한번 읽어본 것으로 끝내면 안 된다.

누군가는 돈이 나오는 것도 아닌데 왜 책을 읽느냐고 말한다. 누군가는 책을 읽을 시간에 미래를 위해 자격증을 따는 게 낫지 않겠느냐고 한다. 그런 분들에게 독서모임을 권한다. 독서모임을 통해 책이 주는 힘이 얼마나 강한지, 함께 읽고 나누면 어떤 일이 일어나는지 직접 느껴보길 바란다. 나는 모임에서 책으로 변화하고 성장하는 사람들을 눈으로 목격

했고, 변화의 동력을 얻었다.

책을 읽는 것은 가치 있는 행동이다. 물론 돈을 벌어들이는 것과 직접적인 연관은 없지만 사유와 성찰을 통해 삶이 풍요로워지는 것을 경험할 수 있다. 더 이상 책을 읽은 것만으로 만족하거나 책을 소비하는 것에서 그치면 안 된다. 행동으로 옮기고 일상에 적용했을 때, 인생이 달라진다.

나는 이 책을 읽은 여러분이 지금 당장 독서모임을 시작하길 바란다. 이미 독서모임을 하고 있다면 책을 소비하는 것을 넘어 책으로 성장하는 삶을 살았으면 한다. 독서모임을 하다 보면 '이 좋은 걸 나만 하고 있어 미안하다.'라는 생각이 들 때가 있다. 더욱 많은 사람이 독서모임을 통해 그동안 보지 못했던 미지의 세계로 들어서는 황홀한 경험을 할 수 있으면 좋겠다.

8

(인터뷰)
독서모임으로 성장한 사람들

인터뷰이:

김다영/30대/페블플랜트 대표/독서모임 경력 3년

도토리/30대/프리랜서/독서모임 경력 5년

박희범/30대/푸릇공방 대표/독서모임 경력 5년

심민정/40대/홈스쿨링으로 두 아이 양육/독서모임 경력 3년

한여름/40대/프리랜서 강사/독서모임 경력 5년

Q. 독서모임을 해야겠다고 결심하게 된 이유가 궁금해요.

박희범

지인의 권유로 우연히 독서모임에 합류하게 되었습니다. 평소에 호감을 느끼

던 분들이 함께하는 모임이었어요. 그분들과 친해지고 싶은 마음도 있었고 독서와는 담을 쌓고 살았는데 책과 가까워지는 계기가 될 수 있을 것 같아 시작하게 되었어요.

심민정

원래 책 읽기를 좋아했어요. 엄마라는 역할이 주어진 이후에는 독서가 자꾸 뒷전이 되어가더라고요. 책을 읽더라도 육아서만 읽게 됐어요. 그러던 중 독서모임을 알게 되었고 무조건 함께하고 싶었어요. 독서모임을 통해 그동안 미루던 독서를 할 수 있을 것 같았고, 육아서가 아닌 '내 책 읽기'를 하고 싶어서 시작하게 됐습니다.

김다영

지금 하는 독서모임은 오래 알고 지내던 지인들과 꾸린 모임이에요. 저는 사람들과 적당히 거리를 두면서 속 깊은 이야기를 하지 않는 성격이거든요. 깊이 친해지기까지 시간이 오래 걸리는데 이 사람들과는 속 이야기를 나누어도 괜찮겠다는 생각이 들어서 시작하게 됐어요. 독서모임을 하다 보면 속내를 이야기할 수밖에 없잖아요. 그것 때문에 처음에는 모임을 할지 말지 고민하기도 했지만, 함께하는 사람들을 믿고 해보기로 했습니다.

한여름

육아가 너무 힘들어서 숨통 트일 시간이 필요했어요. 책을 좋아했는데 아이를 낳고 나서는 읽을 시간이 없더라고요. 독서모임을 하면 좋아하는 책을 다시 읽을 수 있겠다 싶었어요. 읽고 나누는 시간이 육아 스트레스를 덜어줄 것이라는 막연한 기대도 있었고요.

도토리

저는 책을 아예 안 읽는 사람이었어요. '이제 책을 좀 읽어봐야겠다.'라고 생각하고 있던 즈음에 우연히 독서모임을 알게 돼서 참여하게 됐어요. 타이밍이 좋았죠. 그때가 아니었더라면 모임을 시작할 수 없었을 거예요.

Q. 독서모임을 해보니까 어떤 점이 가장 좋던가요?

박희범

편독하는 습관을 고치게 돼서 좋았어요. 내가 몰랐던 장르를 읽을 때 주어지는 의외의 재미와 앎의 즐거움이 있더라고요. 이분법적 사고에서 벗어나 타인의 생각을 존중하고 다름을 인정하는 방법도 배울 수 있었고요. 독서모임은 다름을 이해하는 시간인 것 같아요.

심민정

같은 책을 읽고도 다른 관점과 시각으로 바라볼 수 있다는 점, 독서 편식을 없앨 수 있다는 점 그리고 기분 좋은 강박과 압박감이 좋아요. 모임 일정에 맞춰 완독하려면 시간을 내서 어떻게든 책을 읽어야 하잖아요. 그런 압박감이 묘한 쾌감을 주더라고요. (웃음)

김다영

독서모임을 하면서 얻게 된 가장 좋은 점은 다양한 생각을 들을 수 있다는 것이죠. 그것을 통해 한 사람 한 사람에 대해 깊이 알게 되는 것도 좋아요. 발제할 때도 '이 사람은 이렇게 대답하겠지.', '이 부분에서 이런 생각을 했을 거야.'라고 짐작해 보는 일이 재미있어요. 짐작이 맞아떨어졌을 때도 좋지만 예상 밖의 대답을 들을 때도 좋고요. 때로는 '내가 참 좋은 사람들과 책에 관해 이야기 나누고 있구나.'라고 생각하며 감격하기도 해요. 독서모임 하는 날을 설레는 마음으로 기다립니다.

한여름

혼자 읽을 때는 몰랐던 함께 읽는 기쁨이 있어요. 정확히는 '생각을 나누고 감정을 공유하는 즐거움'이죠. 모임을 하기 전에는 다른 사람들은 이 책을 어떻게 읽었을지, 어떤 부분이 인상 깊었을지 늘 궁금했거든요. 독서모임에서는 책에 관한 모든 것을 나눌 수 있어서 좋아요.

도토리

책을 읽는 재미를 알게 된 것이 가장 좋아요. 독서모임 덕분에 순수하게 읽는 행위 자체에서 즐거움을 느끼게 됐고 이제는 독서가 취미가 됐습니다. 독서를 통해 시간을 흘려보내지 않고 가치 있게 소비하게 되었다는 것도 좋고요. 책 이야기를 나누다 보면 오가는 질문을 통해서 나를 더 깊이 들여다보고 이해하게 되는데 거기서 오는 쾌감도 커요.

Q.장점만 있지는 않을 텐데, 혹시 독서모임을 하면서 아쉬운 점도 있었나요?

박희범

여러 사람이 모이니 각자의 사정으로 일정이 뒤로 미뤄지는 일이 있어요. 참석 못 하는 멤버가 생길 때도 있고요. 그럴 땐 아쉬워요. 보고 싶기도 하고요(웃음).

심민정

구성원들이 모두 자녀가 있지만, 특히 저는 홈스쿨링을 하는 첫째와 아직 어린 둘째가 있어서 멤버들과 함께하는 시간을 자주 갖지 못하고 있는 상황이에요. 시간이 허락되면 모임을 더 자주 하고 싶어요. 아이는 계속 자라는 중이니까 그런 날이 곧 오겠죠?

한여름

모임이 좋다 보니 더 자주 만나고 싶은데 그럴 수 없어서 아쉬워요. 더 깊이 나누고 싶기도 하고요. 이미 깊은 이야기들을 나누고 있지만 아직도 부족하다는 생각이 들어요. 마음 같아서는 매일 만나서 책 이야기만 실컷 하고 싶네요.

도토리

회원들과 모임 일정을 정할 때마다 시간을 맞추기가 어려워요. 가끔은 일정 조율이 안 돼서 모임을 건너뛰게 될 때가 있는데 그런 점이 아쉬워요. 또, 저는 무조건 완독하고 모임에 참석하는데 완독하지 않고 참석하는 멤버가 있을 때 약간 김이 새기도 하고요. 완독하지 않으면 대화의 깊이가 떨어지는 것은 어쩔 수 없으니까요. 그렇지만 이제는 그런 부분까지도 이해합니다. (웃음)

김다영

음. 글쎄요. 아쉬운 점은 없어요. 도무지 생각이 안 납니다.

Q. 독서모임을 하면서 달라진 점이 있다면, 어떤 것일까요?

박희범

생각이 유연해졌어요. 다름을 받아들이고 다양한 견해를 편견 없이 들을 줄 아는 사람이 되어가고 있다고나 할까요? 말랑해진 제 모습이 좋아요. 그리고 일희일비하지 않게 되는 것도요. 독서모임 후에는 늘 그런 마음이 되더라고요. 책 속에서 어떤 깨달음을 얻고 그것을 나누다 보면 '그럴 수도 있지.', '세상살이가 좋은 일만 있는 것도, 나쁜 일만 있는 것도 아니지.'라고 생각하면서 평정심을 유지하게 돼요.

심민정

새로운 장르의 책을 읽고 매력을 알게 됐어요. 독서모임 이전에는 소설을 즐겨 읽는 편이 아니었거든요. 에세이나 철학, 자기계발서를 주로 읽었는데 모임에서 소설을 읽게 됐죠. 신선한 즐거움과 안식을 주더라고요. 주인공이 되어 분개하기도 하고 위로를 받기도 하고요. 이제는 현대소설을 넘어 고전문학도 즐겨 읽어요. 사람들이 말하는 고전의 의미와 매력을 독서모임을 통해 알게 되었어요.

김다영

저는 책을 정말 안 읽는 사람이었는데, 모임을 시작하고 한 달에 한 권이라도 책을 읽으려고 노력하게 됐어요. 모임 전에는 책을 읽더라도 좋아하는 장르만 골라서 읽고 편독이 심했거든요. 독서모임을 통해 그동안 접하지 않았던 책을 만나고 재미를 느낄 때가 많아졌어요.

한여름

가장 큰 변화는 견고하던 경계가 허물어진 것입니다. 제 안에 있던 편견이 많이 사라졌어요. 모든 가능성을 열어두고 이해해 보려고 노력하는 사람이 되었죠. 그리고 무슨 일이든 도전할 수 있게 됐습니다. 타인에게도 스스로에게도 관대해졌어요. 독서모임을 통해 다양성을 체감하고 받아들이게 되면서 생긴 변화입니다.

도토리

다양성을 인정하게 된 것입니다. 같은 책을 읽고도 완전히 다르게 해석하는 경험을 통해서 사람이 얼마나 다른지 실감하게 됐어요. 물론 사람이 다르다는 것은 누구나 알고 있죠. 수많은 책에서 '사람은 다르단다.'라는 메시지를 주잖아요. 그런데 서로 다르다는 것을 주입식으로 아는 것과 실제로 겪어서 아는 것은 다르죠. 독서모임에서는 매번 다른 생각을 직접 만나게 됩니다. 독서모임을 시작하기 전에는 '다르다'를 '틀리다'로 이해할 때가 많았는데 이제 다른 것은 틀린 것이 아니라 그저 다른 것일 뿐이라는 사실을 완전히 인정하게 되었어요. 나와 정반대인 사람들과 편견 없이 사귀는 방법도 알게 되었고요.

Q. 독서모임에서 읽은 책 중 가장 인상 깊었던 책을 소개해 주세요. 이유도 궁금합니다.

박희범

『호밀밭의 파수꾼』이 기억에 남네요. 저의 첫 번째 독서모임 책이었어요. 그때만 하더라도 책 읽는 것이 버거웠던 때라 완독하지 못하고 모임에 참석했었죠. 사실 주인공 홀든이 아직도 기숙사에서 나오지 못하고 있어서 마음이 불편해요. 내보내 줘야 하는데. (웃음) 다 읽지는 못했지만, 첫 모임 책이어서 그런지 저에게는 특별한 의미가 있는 책이에요. 그리고 박범신의 『당신』을 잊을 수가 없네요. 몰아치는 감정의 소용돌이를 온몸으로 느끼며 읽었어요. 얼마나 흐느껴 울었는지 몰라요. 돌이켜보니 책 읽는 재미를 알게 해준 첫 책이 『당신』이었던 것 같아요.

심민정

『그리스인 조르바』입니다. 대학 신입생 때 읽었던 책인데 세월이 지나 독서모임에서 만난 조르바는 전혀 다른 책으로 느껴지더라고요. 독서모임이 아니었다면 두 번 읽는 일은 없었을 거예요. 다시 읽으면서 조르바의 삶에 열광하는 제가 신기했어요. '20대 초반의 나'와 '지금의 나'는 같지만 다른 사람이라는 것을 알게 됐죠. 나를 돌아보는 계기를 마련해준 책이기도 해요. 읽는 동안 멤버들과 빨리 이야기를 나누고 싶어서 상기되었던 제 모습이 떠오르네요.

한여름

고르기가 쉽지 않아요. 여러 권이 스치는데…. 한 권을 꼽자면 도리스 레싱의 『19호실로 가다』로 할게요. 1960년대 여성이 주인공인 작품인데, 지금 우리 시대의 여성과 그 시대의 여성 사이에 공통점이 많아서 씁쓸하게 다가왔던 책이에요. 결혼제도와 가정, 자유와 불안, 고독에 관해 이야기를 나누었고 각자 자기만의 19호실에 대해 고백하는 시간이었어요. 그날 모임의 분위기와 나눈 이야기들이 오래도록 기억에 남네요.

도토리

빌 브라이슨의 『나를 부르는 숲』이요. 야외에서 모임을 했는데 날씨도 좋았고 여행기에 맞게 서로의 여행 스타일에 대해 알아봤던 것도 기억에 남아요. 여행 스타일마저도 얼마나 다른지 "우리 여행은 같이 가지 맙시다."라는 이야기를 나누며 깔깔댔었죠. 그 순간이 좋았어요. 서로가 완전히 다른 존재라는 것을 인정하는 것을 넘어 농담거리로 삼을 수 있을 만큼 받아들이게 됐다는 것이 좋더라고요. 이렇게 다른데도 불구하고 좋은 관계로 이어지고 깊어졌다는 것이 새삼 감사했고요. 『까대기』도 기억에 남아요. 모임에서 만화책을 읽고 나눈 것은 처음이었는데 좋은 책은 언제나 모임을 풍성하게 만든다는 것을 확인하게 된 책이었어요. 그러고 보니 저는 주로 실화를 바탕으로 한 책에서 깊은 인상을 받는 것 같네요.

김다영

성동혁 시인의 『뉘앙스』가 기억에 남아요. 병마와 싸우는 시인이 처해 있는 상황에 대해 담담하게 이야기하는 것이 인상적이었어요. 삶을 받아들이는 태도에 대해 배웠습니다. 작가가 어떤 사람인지, 어떤 내용의 책인지 사전정보 없이 읽어서 더 좋았어요. 아마 발제하는 사람의 배려이지 않았을까 싶어요. 저자에 대해 미리 알았더라면 감동이 덜했을 거예요. 독서모임 덕분에 좋은 시인을 발견한 계기가 됐어요.

Q. 독서모임에서 함께 읽고 싶은 책이 있나요?

박희범

'인간다움'과 '연대'를 주제로 하는 책을 함께 읽고 싶어요. 인간에게 필요한 마음들, 잊거나 잃어서는 안 되는 중요한 것들에 대해 나누고 싶어요.

심민정

어른답게 나이 들고 싶은데 그러려면 내가 누구인지, 지금 옳은 방향으로 나아가고 있는지, 자신에게 묻지 않을 수 없잖아요. 철학이 물음에 답을 준다고 생각해요. 요즘은 쉽게 답을 주는 것들에 현혹되기 쉬운 세상이지만, 철학 서적을 함께 읽으며 치열하게 고민하고 사유하는 시간을 갖고 싶어요.

김다영

아직도 책 한 권을 끝까지 읽는 것이 만만하지 않아요. 깊이 있게 이해하기 어렵기도 하고요. 그래서 앞으로도 지금처럼 다양한 장르를 접하면서 더 배우고 싶어요. 물론 재미도 중요하죠. 회원들과 함께 읽으면 좋을 '재미있는 책'을 찾아보고 있긴 합니다.

한여름

철학책을 제대로 함께 읽어보고 싶어요. 독서모임을 하면서 철학의 매력을 알아버렸거든요. 회원들과 니체 전작 읽기를 하면 좋을 것 같아요. 철학책 읽기 모임을 만들어 볼 생각도 하고 있어요. 아니면 추리소설이나 스릴러 장르를 함께 읽어보면 어떨까, 싶기도 하네요. 철학에서 장르 소설로? 지나치게 다르긴 하지만요. (웃음) 장르 소설의 매력을 함께 느껴보고 싶다는 생각이 드는데요?!

도토리

혼자 읽으면서 독서모임 멤버들과 나누고 싶다고 생각한 책이 있어요. 일본 소설인데 『여름은 오래 그곳에 남아』라는 작품이에요. 인간의 삶을 격려하는 건축을 추구하는 노 건축가와 그의 건축에 대한 철학과 열정을 존경하는 주인공 '나'의 아름다운 여름날을 담고 있는 작품인데 인상 깊더라고요. 함께 읽으면 좋을 것 같아요.

Q. 요즘은 온라인 독서모임이 시대적 흐름인 것 같아요. 온라인 독서모임 경험이 있으신가요? 대면모임과 비대면 독서모임 중에서 더 좋았던 모임과 이유를 말씀해 주시겠어요?

박희범

코로나로 거리 두기 제한이 있을 때 온라인으로 모임을 했어요. 저는 무조건 대면독서모임을 추천합니다. 소통은 눈빛과 몸짓으로도 이루어진다고 생각해요. 물론 영상으로도 불가능한 것은 아니지만 아무래도 직접 만났을 때보다는 제한적이잖아요. 대면모임을 했을 때 토론이 풍성해지고 '만났다.', '나눴다.'라는 느낌이 들더라고요.

심민정

개인적으로는 대면독서모임을 선호합니다. 온라인 모임의 장점도 있지만 대면모임의 장점을 넘어서지는 못하는 것 같아요. 대면했을 때 훨씬 강력한 기운을 서로 주고받을 수 있더라고요. 인간적인 에너지라고나 할까요? 그리고 비대면으로는 결코 느낄 수 없는 소리, 공기, 햇살 같은 요소들이 어우러지면서 그날의 느낌과 기억이 만들어진다는 점도 대면모임의 장점이라고 생각해요. 그래서인지 모임의 여운이 더 오래 남기도 하고요.

김다영

비대면 독서모임은 해본 적이 없습니다. 상대방의 표정을 제대로 보고 느낄 수 있다는 점에서 대면모임이 더 좋을 것 같다는 생각이 들긴 하네요. 독서모임은 아니지만 화상채팅으로 회의를 한 적이 있었는데 말의 의도를 정확히 파악하기가 어렵더라고요.

한여름

온라인 모임을 진행했을 때 아쉬움이 많이 남았어요. 독서모임의 매력은 토론하면서 상대방의 즉각적인 반응을 느끼고 피드백을 주고받는 것인데 온라인으로는 쉽지 않더라고요. 티키타카가 안 된다고나 할까요? 쌍방향으로 소통이 안 돼서 답답했고, 대면 모임이 그리웠어요.

도토리

소통이 원활하게 되지 않는다는 점 때문에 온라인 모임은 선호하지 않아요. 늦은 시간에 모이면 아이들이 자고 있으니까 음소거를 해놓기도 하고, 상황에 따라 화면을 꺼놓는 경우도 있잖아요. 그러다 보니 토론이 토론답게 이뤄지지 않더라고요.

Q. 책을 넘어서 모임 구성원들과 함께 하고 싶은 활동이 있나요?

박희범

인문학 수업을 함께 듣고 싶어요. 몇몇 회원들과 인문학 강연을 함께 들었던 경험이 있는데 참 좋았거든요. 함께 읽은 책이 배경지식이 되어서 강연 후에 서로 깊이 있는 대화를 나눌 수 있었어요. 구성원 전체가 함께한다면 얼마나 의미 있는 이야기들이 오갈지 기대됩니다.

심민정

봉사 활동을 함께하고 싶어요. 책을 읽고 행동하지 않는다면 자기 위안에서 그치고 만다고 생각해요. 한 권의 책을 읽고, 한 가지 행동을 할 수 있기를 희망합니다. 독서는 나를 이롭게 하고 더 나아가 세상을 이롭게 하는 것이라고 생각합니다. 봉사도 세상을 이롭게 한다는 의미에서 독서모임과 봉사가 짝을 이룬다면 좋지 않을까 싶어요.

김다영

전작 읽기와 낭독을 해보고 싶어요.

도토리

함께 트래킹을 하고 싶어요. 날씨 좋은 가을날, 같이 걸으면서 책 이야기를 나누면 어떨지 상상해 봤는데 좋은 추억이 될 것 같네요.

한여름

셰익스피어의 희곡을 함께 낭독하고 싶어요. 언제부턴가 오롯이 서로의 목소리에만 귀 기울여 보고 싶다는 생각이 들더라고요. 낭독을 통해서 상대방의 감정이나 생각까지 느낄 수 있다면 색다른 경험이 될 것 같아요.

Q. 독서모임 경력이 짧지 않은데 모임을 오래 할 수 있었던 비결이 있나요?

박희범

'사람'입니다. 함께하는 사람들이 좋다면 모임은 오래갈 수밖에 없죠. 함께하는 이들이 궁금해서, 같은 책을 읽고 어떻게 느꼈는지 알고 싶어서 모임에 나가다 보니 5년이나 흘렀네요. 독서모임은 저에게 책도 읽고, 사람도 읽는 귀한 시간입니다.

심민정

'결이 비슷한 사람들' 그리고 '신뢰'이지 않을까 싶어요. 하나를 더 보태자면 서로의 다름을 인정해 주는 것도 모임을 오래 할 수 있던 비결이에요. 우리는 다름을 밑바탕에 깔고 서로를 바라보거든요. 비난보다 인정과 배려를 가지고 의견을 들어요. 그렇게 신뢰가 쌓이니까 서로의 생각을 공유하는 데 망설임이 없어지더라고요. 가끔 개인의 과거사, 집안의 시끄러운 사정이 공유되기도 하고 때로는 상처를 나누기도 해요. 나약한 부분이 드러나도 멤버들이 나를 이해해 주고 함께 고민해 줄 것을 알기 때문에 오래 모임을 할 수 있었습니다. 강한 신뢰는 진실함을 바탕으로 하죠. 진실함이란 꾸민다고 꾸며지는 것이 아니잖아요. 이야기를 나누다 보면 서로를 향한 애정과 신뢰가 느껴져요.

한여름

책을 향한 사랑과 좋은 사람들이 있었기 때문에 오래 할 수 있었어요. 책이 아무리 좋아도 함께 하는 사람들과 좋은 에너지를 주고받지 못했다면 이렇게까지 오래 할 수는 없었겠죠. 모임이 끝난 후에는 더불어 성장한다는 느낌과 내면을 꽉 채우는 충만함 같은 것이 있어요. 그것이 결국 모임을 지속할 힘이 되었다고 생각해요.

도토리

책을 주제로 이야기를 풀어가는 과정과 모임을 통해 얻게 되는 통찰력에 대한 만족감이 있었어요. 더구나 저는 하는 일을 포함해서 삶의 한 부분이 독서모임에서 출발했다고 생각하거든요. 그래서 더 애정을 갖고 모임을 계속하게 됐죠. 그 밖에 시에서 지원해 주는 '독서모임 지원 사업'도 모임을 지속할 수 있는 요인 중 하나예요. 읽고 싶은 책을 무료로 지원받고 매번 모임의 결과 보고

서를 제출해야 하니까 어찌 됐든 정기적으로 만나야 하거든요. (웃음)

김다영

구성원들이 서로를 좋아하는 마음이 컸기 때문인 것 같아요. 그 마음 덕분에 배려하면서 오래 만날 수 있었어요. 급작스럽게 모임 일정이 변경될 때도 애정이 바탕이 되니 불만이 생기지 않고, 사정에 맞게 조율해 가면서 모임을 지속할 수 있었어요.

Q. 독서모임을 해보지 않은 분들과 이제 독서모임을 시작하려는 분들께 하고 싶은 말이 있나요?

박희범

독서모임은 지식을 쌓기 위한 책 읽기에서 벗어나 생각하는 책 읽기를 할 기회입니다. 생각이 넓고 깊게 확장되는 시간이죠. 인간은 나이가 들수록 유연해져야 한다고 생각해요. 독서모임에서는 생각하는 독서와 경청하는 방법을 배울 수 있고, 이런 경험이 사람을 부드럽고 유연하게 만듭니다.

심민정

수많은 모임 중에서 단 하나의 모임만 선택해야 한다면 무조건 '독서모임'이라고 말하고 싶어요. '생각하며 살자, 그렇지 않으면 사는 대로 생각하게 될 것이다.'라는 말을 좌우명으로 삼고 있는데 독서모임이 생각하면서 살게 만들어요. 바쁘게 흘러가는 일상에서 죽어 있는 생각을 깨우는 길은 독서모임뿐이더라고요. 나답게 살 수 있게 하는 독서를 위해, 한 분야로 치우치지 않는 독서를 위해, 흐트러지지 않는 독서 습관을 만들기 위해 독서모임을 꼭 해보시라고 권하고 싶습니다.

김다영

책 속의 이야기도 좋지만 좋은 사람들과의 만남도 참 좋습니다. 좋은 책과 좋은 사람이 함께하는 즐거운 경험을 해보시길 바랍니다.

한여름

독서모임에 참여하고 싶은데 망설이고 계신다면, 고민할 시간에 하루라도 빨리 시작해 보시라고 하고 싶어요. 저는 독서모임으로 삶의 태도가 바뀌었거든요. 얼마나 변화할지 궁금하지 않나요? 직접 해보셔야만 알 수 있습니다. 독서모임의 세계로 어서 들어오세요.

도토리

피상적인 대화만 오가는 독서모임은 피하라고 조언하고 싶어요. 독서모임은 책과 토론을 통해서 나를 만나는 시간이에요. 그러려면 자기를 꺼내놔야 이야기가 깊어지고 더욱 의미 있는 시간을 만들 수 있습니다. 나를 보여줄 각오를 하고 모임을 시작해야 하지 않을까요? 자신을 바로 볼 수 없고 가볍게 책 이야기만 나누고자 한다면 굳이 독서모임을 해야 할 필요가 없습니다. 북 토크랑 다를 바가 없으니까요. 나와 상대방을 바로 볼 수 있을 때 진짜 독서모임이 시작됩니다. 제가 너무 무겁게 접근했는지도 모르겠네요. (웃음) 많은 분이 독서모임을 통해 좋은 사람들을 만나고 성장하실 수 있기를 바랍니다.

독서를 통해 변화하고 싶다면,
알아두어야 할 TIP

1 나를 불편하게 하는 책을 읽어라.

2 갈등과 고통을 외면하지 마라.

3 고전을 읽어라.

4 비판적으로 읽어라.

5 시대의 흐름을 읽어라.

6 긍정적인 정서를 키워라.

7 남 탓하지 마라.

8 읽은 것을 삶에 적용하라.

부록 '독서모임에서 함께 읽기 좋은 책, 100'

『변신』, 프란츠 카프카, 문학동네, 2011

『그리스인 조르바』, 니코스 카잔차키스, 열린책들, 2009

『이방인』, 알베르 카뮈, 민음사, 2019

『책은 도끼다』, 박웅현, 북하우스, 2013

『다시, 책은 도끼다』, 박웅현, 북하우스, 2016

『프레임』, 최인철, 21세기북스, 2021

『꽃들에게 희망을』, 트리나 폴러스, 시공주니어, 2017

『이반 일리치의 죽음』, 톨스토이, 창비, 2012

『소금』, 박범신, 한겨레출판사, 2022

『차라투스트라는 이렇게 말했다』, 프리드리히 니체, 민음사, 2004

『논어』, 공자, 홍익출판사, 2022

『담론』, 신영복, 돌베개, 2015

『노인과 바다』, 어니스트 헤밍웨이, 문학동네, 2012

『투명인간』, 성석제, 창비, 2014

『거꾸로 읽는 세계사』, 유시민, 돌베개, 2021

『공부란 무엇인가』, 김영민, 어크로스, 2020

『슬픔을 공부하는 슬픔』, 신형철, 한겨레출판사, 2018

『참을 수 없는 존재의 가벼움』, 밀란 쿤데라, 민음사, 2018

『도련님』, 나쓰메 소세키, 현암사, 2013

『인간 실격』, 다자이 오사무, 민음사, 2012

『19호실로 가다』, 도리스 레싱, 문예출판사, 2018

『최소한의 이웃』, 허지웅, 김영사, 2022

『새 마음으로』, 이슬아, 헤엄출판사, 2021

『호밀밭의 파수꾼』, 제롬 데이비드 샐린저, 민음사, 2023

『베니스의 상인』, 윌리엄 셰익스피어, 민음사, 2010

『파리대왕』, 윌리엄 골딩, 민음사, 2000

『모리와 함께한 화요일』, 미치 앨봄, 살림, 2017

『자기 앞의 생』, 에밀 아자르, 문학동네, 2013

『갈매기의 꿈』, 리처드 바크, 범우사, 2017

『세일즈맨의 죽음』, 아더 밀러, 민음사, 2009

『삶의 한가운데』, 루이제 린저, 민음사, 1999

『무진기행』, 김승옥, 민음사, 2007

『소년이 온다』, 한강, 창비, 2014

『오셀로』, 윌리엄 셰익스피어, 민음사, 2001

『1984』, 조지 오웰, 문예출판사, 2022

『동물농장』, 조지 오웰, 민음사, 2009

『아몬드』, 손원평, 창비, 2017

『감옥으로부터의 사색』, 신영복, 돌베개, 2018

『데미안』, 헤르만 헤세, 더스토리, 2023

『나는 가해자의 엄마입니다』, 수 클리볼드, 반비, 2016

『다섯째 아이』, 도리스 레싱, 민음사, 1999

『채식주의자』, 한강, 창비, 2022

『사피엔스』, 유발 하라리, 김영사, 2023

『철학자와 늑대』, 마크 롤랜즈, 추수밭, 2012

『관객모독』, 페터 한트케, 민음사, 2012

『시선으로부터,』, 정세랑, 문학동네, 2020

『선량한 차별주의자』, 김지혜, 창비, 2019

『잘라라, 기도하는 그 손을』, 사사키 아타루, 자음과 모음, 2012

『빅터 프랭클의 죽음의 수용소에서』, 빅터 프랭클, 청아출판사, 2020

『타이탄의 도구들』, 티모시 페리스, 토네이도, 2022

『어린 왕자』, 생텍쥐페리, 열린문학, 2023

『죽은 자의 집 청소』, 김완, 김영사, 2020

『당신』, 박범신, 문학동네, 2015

『이 사람을 보라』, 프리드리히 니체, 아카넷, 2022

『싯다르타』, 헤르만 헤세, 민음사, 2002

『지금, 또 혐오하셨네요』, 박민영, 북트리거, 2020

『이름이 법이 될 때』, 정혜진, 동녘, 2021

『쓰려고 읽습니다』, 이정훈, 책과 강연, 2023

『어머니』, 막심 고리키, 을유문화사, 2022

『오세암』, 정채봉, 창비, 1990

『그냥, 사람』, 홍은전, 봄날의 책, 2020

『츠바이크의 발자크 평전』, 스테판 츠바이크, 푸른숲, 1998

『격몽요결』, 이이, 을유문화사, 2022

『완벽한 아이』, 모드 쥘리앵, 복복서가, 2020

『에밀』, 장 자크 루소, 돋을새김, 2015

『글쓰기의 최전선』, 은유, 메멘토, 2022

『완득이』, 김려령, 창비, 2014

『새의 선물』, 은희경, 문학동네, 2022

『명심보감』, 이민수, 을유문화사, 2003

『목민심서』, 정약용, 범우사, 2008

『향수』, 파트리크 쥐스킨트, 열린책들, 2009

『아픔에서 더 배우고 성장한다』, 이서원, 샘터, 2021

『파우스트 1, 2』, 요한 볼프강 폰 괴테, 민음사, 2023

『무탄트 메시지』, 말로 모건, 정신세계사, 2003
『죽음의 밥상』, 피터 싱어/ 짐 메이슨, 산책자, 2008
『걸리버 여행기』, 조나단 스위프트, 현대지성, 2019
『융의 영혼의 지도』, 머리 스타인, 문예출판사, 2015
『몽실 언니』, 권정생, 창비, 2012
『맹자』, 맹자, 홍익출판사, 2023
『장미의 이름』, 움베르트 에코, 열린책들, 2008
『나는 왜 쓰는가』, 조지 오웰, 한겨레출판사, 2010
『소크라테스의 변명, 진리를 위해 죽다』, 안광복, 사계절, 2004
『철학하는 인간의 힘』, 이요철/ 황현숙, 천년의 상상, 2017
『니코마코스 윤리학』, 아리스토텔레스, 돋을새김, 2015
『까대기』, 이종철, 보리, 2019
『송곳 1~6』, 최규석, 창비, 2015
『미생 시즌 1:1~9』, 윤태호, 더오리진, 2019
『연어』, 안도현, 문학동네, 2017
『인간의 대지』, 생텍쥐페리, 펭귄클래식코리아, 2015
『깨끗한 존경』, 이슬아, 헤엄출판사, 2019
『철학카페에서 문학 읽기』, 김용규, 웅진지식하우스, 2006
『느낌의 공동체』, 신형철, 문학동네, 2011
『유토피아』, 토마스 모어, 문예출판사, 2011
『나는 말하듯이 쓴다』, 강원국, 위즈덤하우스, 2020
『달과 6펜스』, 서머싯 몸, 민음사, 2000
『난장이가 쏘아올린 작은 공』, 조세희, 이성과 힘, 2000
『뉘앙스』, 성동혁, 수오서재, 2021
『대지』, 펄 벅, 문예출판사, 2003
『전쟁은 여자의 얼굴을 하지 않았다』, 스베틀라나 알렉시예비치, 문학동네, 2015